KB240721

빛깔있는 책들 101-35

한국의 화폐

글, 사진/장상진

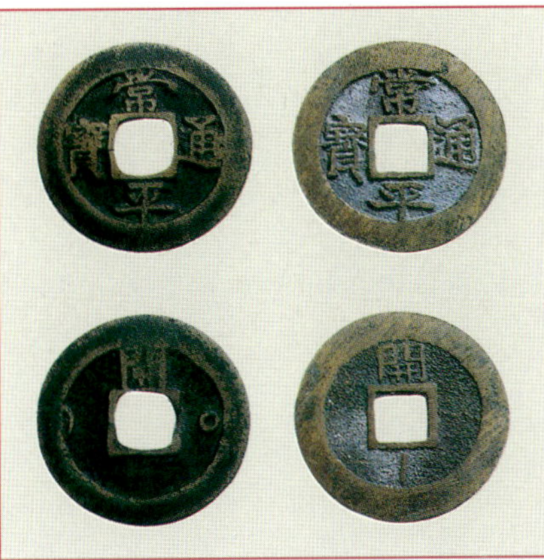

대원사

장상진 ──────────────

전북대학교 대학원에서 경제학 석사학위
(화폐 금융)를 취득한 뒤 고려대학교 대
학원 박사과정(화폐 금융)을 이수하고 전
주대학교에서 재정학을 강의하였다. 한국
정신문화연구원에서 발간한 『한국민족문
화대백과사전』의 편찬(화폐 금융분야)에
참여하기도 하였다.
1986년부터 1990년까지 교육부 산하기관
의 교육행정사무관으로 재직하였고, 1991
년부터 1995년까지 경제기획원 예산실에
서 내무부, 통상산업부 등의 예산 편성
업무를 담당하였다.
1996년부터 공정거래위원회 조사국과 독
점국에서 각종 불공정거래행위 감시와
독과점시장의 관리 업무를 담당하고 있
으며 현재는 국무총리실 산하 국무조정
실에 재직중이다.

한국의 화폐

머리말　7

우리나라 화폐의 발달과 유통　13

북한의 화폐　75

외국 화폐의 유통　93

유사 화폐의 발달과 유통　97

조폐 기관　109

화폐에 관한 생각의 흐름　117

참고 문헌　124

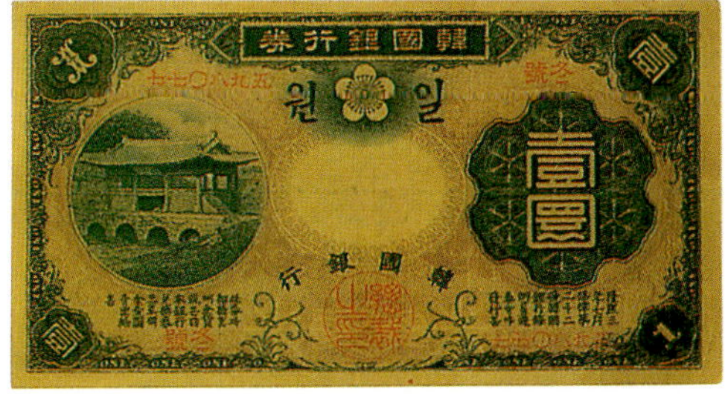

한국의 화폐

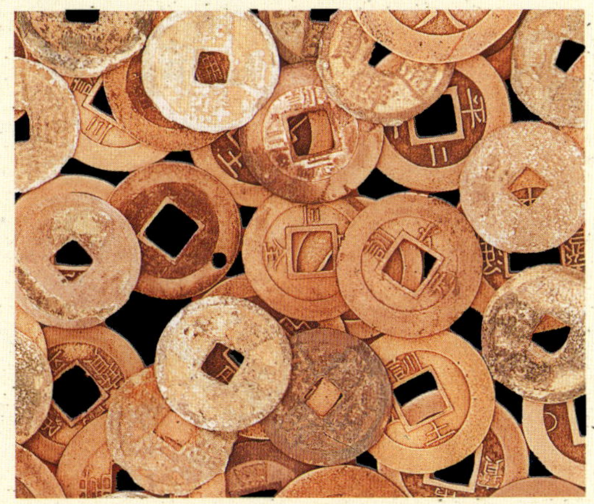

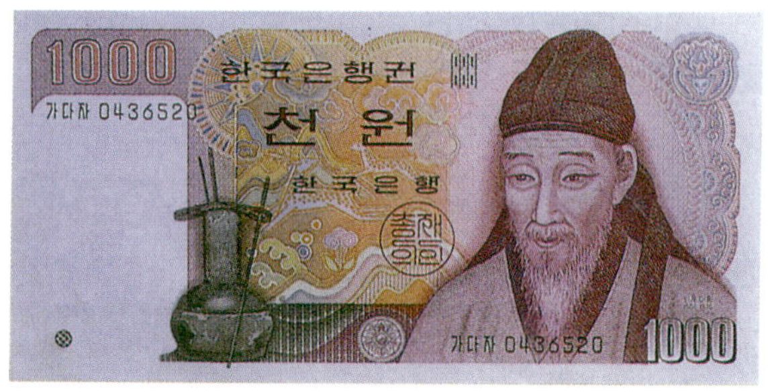

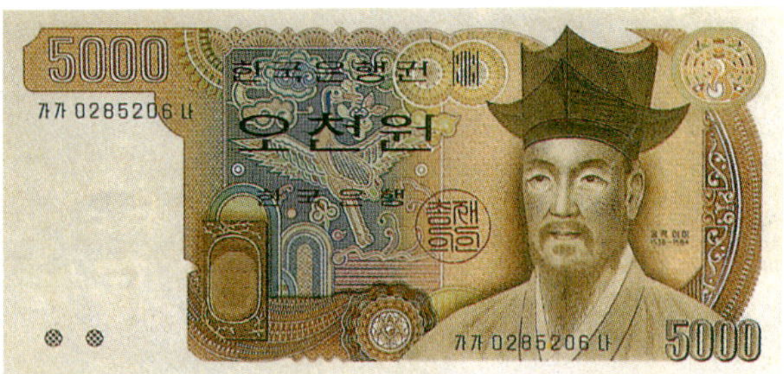

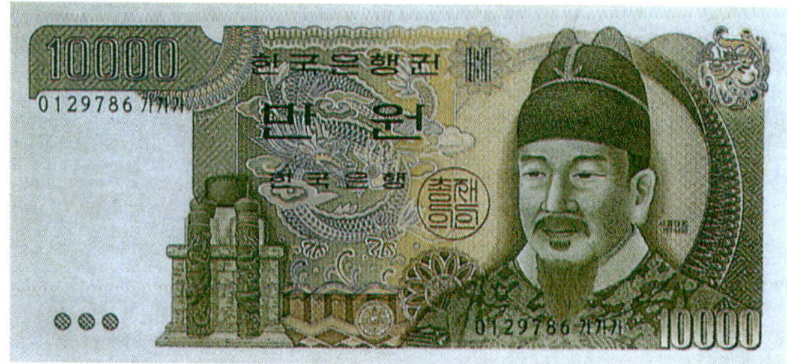

현재 사용하는 신권 3종

머리말

　선인들의 돈에 관한 생각의 흐름을 나타내는 것 가운데 하나가 돈에 관련된 속담이다. 이들 속담은 여러 가지 관점에서 분류하여 살펴볼 수 있겠지만 대개 다음과 같은 유형으로 분류할 수 있다.

　첫째, 돈을 제대로 벌고 쓰기 위해서는 스스로 주인 입장에서 일해야 한다는 것을 시사하는 속담이다. "김매는 주인이 놉 아흔아홉 몫을 한다", "병신 주인이 일꾼 열 몫을 한다", "망하는 집 머슴은 배부르고 부자가 되는 집 머슴은 배곯는다", "날일에는 장승이고 도급에는 귀신이다" 등이 있는데 곧 일당을 주는 날일(날삯을 받고 하는 일)로 맡기면 장승처럼 서 있고 빈둥빈둥 시간이 가기만을 바라면서 마지못해 일하지만 여기까지 하면 얼마 준다는 도급으로 맡기면 성의껏 빨리 끝낸다는 것이다. 누구나 자기 스스로 우러나와서 주인 의식을 갖고 정성껏 일하다 보면 돈이 모인다는 평범한 진리를 설명한 내용이다.

　둘째, 돈이 있으면 원하는 것을 얻을 수 있다는 것을 가르치면서도 돈이 전부가 아니라는 것을 시사하는 속담이다. "돈은 많아도 걱정이요 적어도 걱정이다", "돈이면 산 호랑이 눈썹도 뽑아 온다", "돈 나는 모퉁이 죽는 모퉁이"(힘들이지 않고 일확천금을 얻으려고 하면 자칫 목숨까지 잃을 우려가 있으므로 정직하고 성실하게 돈을 버는 것이 부자가 되는 왕도라는 것을 시사함), "돈 있는 사람이 돈 걱정 더 한다", "돈이 많으면 장사를 잘하고 소매가 길면 춤을 잘 춘다", "돈 한 푼 손에 쥐면 손에서 땀이 난다", "돈만 있으면 귀신도 부릴 수 있다", "돈만 있으면 처녀 불알도 살 수 있다", "돈 없으면 적막 강산이요, 돈 있으면 금수 강산이라" 등이 그러한 내용으로 돈의 위력을 과시하는 동시에 돈을 함부로 할 때의 위험성을 경계해야 한다고 강조하는 내용이다.

셋째, 돈은 알뜰하게 모으고 쓸 때는 아껴서 써야 한다는 것을 시사하는 속담이다. "나무를 아껴 때면 산신령이 복을 준다", "바닷물도 쓰면 줄어든다", "조밥도 많이 먹으면 배부르다", "굳은 땅에 물이 고인다", "없을 때 참아야 하고 있을 때는 아껴야 한다", "입하고 주머니는 동여매야 한다", "입과 곳간은 닫아 두어야 한다", "싸라기 한 말에 7푼 5리라도 5리 없어 못 먹는다", "한 푼을 우습게 아는 사람은 한 푼 때문에 운다", "가마 안 천 냥이 가마 밖 만 냥보다 낫다", "내 돈 서 푼이 님의 돈 400냥보다 낫다", "못 쓰면 끈 달아 쓰라", "구르는 돌에는 이끼가 끼지 않는다", "일찍일찍 일어나면 부자된다", "초생달은 부지런한 며느리만 본다" 등이다.

이들 속담은 적은 돈부터 모아야 부자가 되는 것이고 이렇게 모아야 없을 때 당황하지 않고 살아갈 수 있음을 시사한다. 그러나 무조건적인 구두쇠가 되라는 것은 아니고 쓸 때는 때를 놓치지 말고 써야 한다는 속담도 많다. 예를 들면 "기와 한 장 아끼다가 대들보 썩는다", "새 잡아 잔치할 것을 소 잡아 잔치한다", "좁쌀만큼 아끼다가 담장돌만큼 손해본다", "돈 지고 저승 가는 사람 없다"(돈은 죽은 뒤에는 못 쓰는 것이므로 살아 있는 동안에 구두쇠 노릇만 하지 말고 쓸 데는 쓰라는 뜻), "호미로 막을 것을 가래로 막는다" 등이다.

넷째, 버는 것보다 쓰는 것이 어렵고 소중하다는 것을 시사하는 속담이다. "오는 복은 기어오고 나가는 복은 날아간다", "재물은 모으기보다 지키기가 어렵다", "도깨비가 가져다 준 돈은 땅을 사라", "돈 번 자랑말고 쓴 자랑하랬다", "개같이 벌어서 정승같이 쓴다", "쉽게 벌면 쉽게 나간다", "부자 3대 안 간다", "돈 많으면 자식 망친다", "이세상에서 적선하면 저세상 가서 복 받는다", "돈을 가두어 두면 썩어 귀신이 되어 주인을 해코지한다", "돈 모아 줄 생각말고 자식 글 가르쳐 주랬다", "자식에게 금 상자 물려주는 것이 책 한 권 물려주는 것만 못하다", "자식에게 천금을 주는 것이 한 가지 기술을 가르쳐 주는 것만 못하다" 등이다.

다섯째, 돈보다 소중한 것이 많다는 것을 시사하는 속담이다. "돈 주고도 못 사는 것이 지개(志槪)이다"(돈으로 모든 물건을 살 수 있으나 사람의 의지와 기개는 살 수 없다는 뜻), "사람이 돈을 이겨야지 돈이 사람을 이겨서는 안 된다", "돈은 사람의 마음을 검게도 만든다", "돈이 있는 집은 입만 보아도 알고, 덕이 있는 사람은 겉만 보아도 안다"(돈이 있는 사람은 그가 살고 있는 집만 보아도 알 수 있고 덕이 있는 사람은 그의 외모와 언행만 보아도 알 수 있다는 뜻인 동시에 돈보다는 덕이 중요함을 시사함) 등이다.

여섯째, 금전 거래는 신중하고 철저하게 해야 한다는 것을 시사하는 속담이다. "돈 빌려 주고 친구 잃는다", "돈은 앉아서 주고 서서 받는다", "빚 보증 서는 자식은 낳지도 마라", "빌려 간 사람은 잊어버려도 빌려 준 사람은 안 잊는다", "오뉴월 품앗이도 먼저 갚으랬다", "삼 년 벼르던 전답도 다시 돌아보고 산다", "아랫목에서 받은 돈도 윗목에서 세야 한다", "금은 달아서 받고 돈은 세어서 받는다" 등이다.

이렇게 우리가 일상적으로 '돈'이라고 지칭하는 유형을 '화폐'라고 개념 지을 수 있다. 화폐는 시대나 학자 등에 따라 다양하게 정의되고 있는데, 오늘날에는 '상품 교환의 매개물로 가치의 척도, 지불의 방편,

가치의 저장 수단 등으로 유통되는 재물'을 말한다. 화폐의 본질적인 기능을 '상품의 매개성'에 두고 화폐의 특성을 '유통 가능성'에 두고 있는 것이다. 이러한 개념에서 보면 쌀, 콩 등의 곡물도 현대에는 상품의 매개 기능이 미미하기 때문에 화폐라고 보기 어렵지만 고려시대 이전에는 상품을 매개하는 교환 수단으로 사용되었기 때문에 화폐라고 볼 수 있다. 하지만 금, 은 등의 귀금속은 가치의 저장 수단은 되었지만 유통이 원활하지 못하였으므로 화폐의 역할을 제대로 하였다고 보기 어렵다.

한편 화폐는 자연 조건이나 사회 경제의 발전 단계에 따라 각각 독특한 형태를 가지면서 발전하였다. 그러나 대부분의 국가에서 화폐는 물품 화폐→금속 화폐〔稱量貨幣, 鑄造貨幣〕→지폐→예금 화폐라는 형태로 발전하였다.

우리나라의 화폐도 삼국시대 이후 지금까지 끊임없이 생성, 유통, 소멸되었다. 고려시대 이전에는 상거래 수단으로 주로 곡물, 포백(布帛) 등 물품 화폐류가 이용되었다. 그러다 10세기(성종대)에 철구진(鐵鑄錢)이, 11세기(숙종대)에 주조 동전과 은병(銀瓶)이 발행되었다. 또 고려 말에 원나라로부터 지원보초라는 지폐가 수입, 유통되는 등 부분적으로 금속 화폐와 지폐도 유통되었다는 사실을 알 수 있다. 그러나 고려시대에는 금속 화폐가 보편적으로 유통되었다고 보기는 어렵고 본격적으로 유통되기 시작한 것은 동전이 주조, 유통된 조선시대 이후부터라고 짐작된다.

조선 초기 저화(楮貨)라는 지폐가 통용되었으나 17세기(숙종대)에 주조 발행된 상평통보(常平通寶)가 조선시대의 주된 화폐로서 구한말 개화기까지 광범위하게 통용되었다. 그러나 근대적인 화폐가 제조, 유통된 것은 구한말 서양 문물이 전파되면서부터라고 할 수 있다.

1901년 금본위제 채택을 전후하여 금·은화가 통용되는 한편, 일본

제일은행권이 유통되다가 1909년 중앙은행인 구 한국은행이 설립되어 3종의 지폐를 발행하였다. 그리고 1950년 지금의 한국은행이 설립되어 현대 금융 이론에 입각한 완전한 관리 통화 제도가 채택되었고 1950년, 1953년, 1962년 세 차례의 화폐 개혁이 있었다. 2차 화폐 개혁으로 화폐 단위가 원(圓)에서 환(圜)으로 바뀌었고 3차 화폐 개혁 때 다시 원으로 바뀌었다. 1970년대 이후부터는 경제의 발달로 고액권인 만 원권이 등장하였으며 수표, 어음, 신용카드 등 신용 화폐의 이용이 활발해졌다.

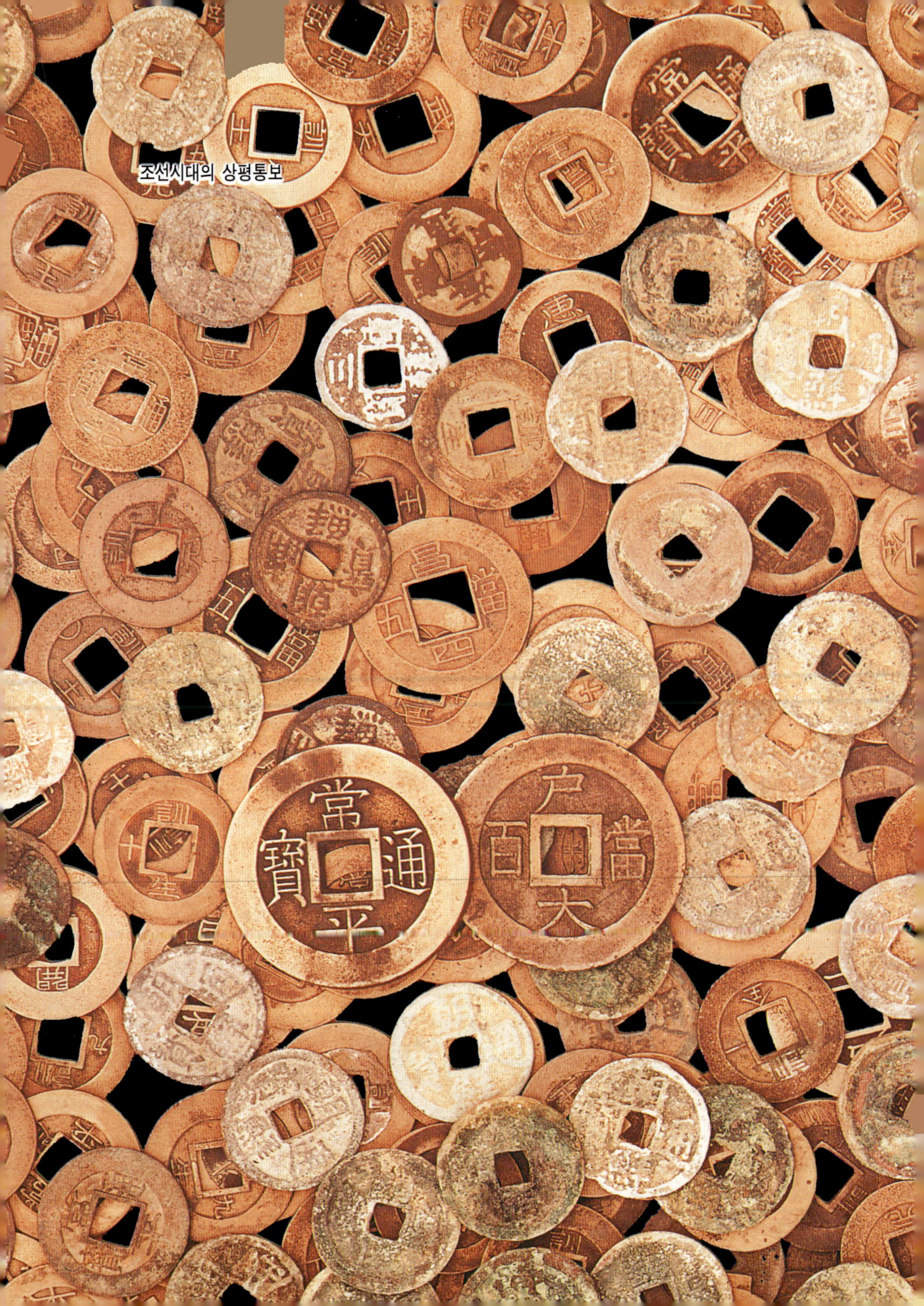

조선시대의 상평통보

우리나라 화폐의 발달과 유통

고대의 화폐

삼국시대 이전의 한반도는 기초적인 농경 생활을 중심으로 자급자족 경제가 이루어졌기 때문에 일상적으로 물물교환이 이루어졌다고 보이지는 않는다. 따라서 물건 교환을 위한 매개 수단이 크게 필요하지 않았으며 필요할 때 쉽게 유통될 수 있는 물품이 화폐 구실을 하였을 것이다.

삼한시대에는 전국적으로 벼농사를 널리 행하였으며 마포(麻布)와 면포(綿布)를 생산하는 수공업도 어느 정도 발전한 것으로 보인다. 그리하여 잉여 생산물이 일부 나타나게 되면 물물교환이 이루어졌을 것이다. 그런데 교환되는 물건들의 가치를 정확하게 산정할 수 없고 물건을 세부적으로 분할하기가 어렵기 때문에 불편이 적고 교환이 용이한 곡물과 직물이 교환 수단으로서 화폐의 역할을 담당하게 되었으리라 추정된다.

1959년 「진단학회」의 연구 결과에 의하면 진한에서 생산되는 철이 마한, 왜인 등과의 거래에서 널리 사용된 것으로 나타나는데 이는 일반적인 교환 수단으로서의 칭량 화폐가 등장하였다고 볼 수 있다.

삼국시대에는 물품 화폐의 사용이 보편화되기 시작하였다. 국가 체계가 갖추어짐으로써 세금 징수와 정부 지출 수단이 필요하게 되었고, 시장이 등장하여 시장에서의 교환 수단이 필요하였기 때문이다.

백제에서는 세금을 포(布), 견(絹), 삼실〔絲麻〕, 쌀로 받아들였는데 이때 포와 견은 큰돈 구실을 하였고 삼실 등은 잔돈 구실을 한 것으로 보인다.

5세기 말부터 신라에 시장〔市廛, 東市, 西市, 南市〕이 개설되었으며 이를 관리하는 기관으로서 동시전(東市典), 서시전(西市典), 남시전(南市典) 등을 두고 도량형의 사용과 시장에서 발생하는 분쟁·범죄 행위 등을 단속하고 시장세(市場稅)를 징수하였다. 이러한 사실을 보면 곡물과 직물이 시장에서 일반적인 교환 수단뿐만 아니라 조세의 납부 수단으로도 널리 이용되었던 것 같다. 이상과 같이 고대에는 철,

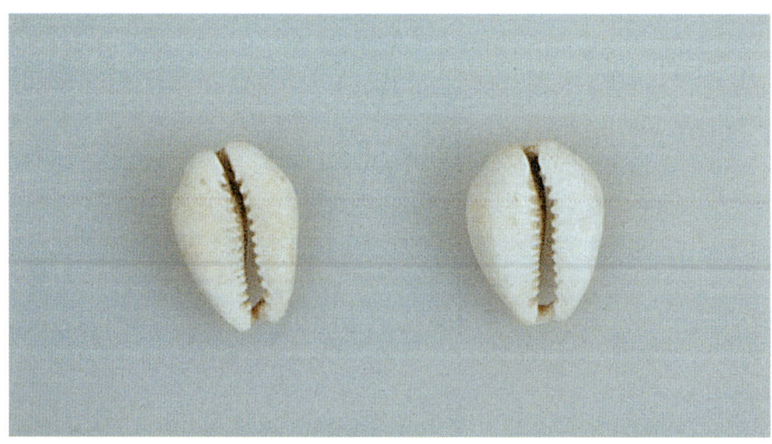

패화(貝貨) 고대에는 물건 교환을 위한 매개 수단이 크게 필요하지 않았고 필요할 때 쉽게 유통될 수 있는 물품이 화폐 구실을 하였다.

쌀, 베, 모시 등의 금속물, 농산품, 특산물이 교환 수단으로서 화폐의
역할을 하던 시대라고 할 수 있으며 이러한 경향은 조선시대 후기까지
계속되었다.

고려시대

철전의 등장

『고려사』의 「식화지(食貨志)」 '화폐'편에 이런 기록이 있다. "화폐
의 제도는 국가를 위해 우선적으로 해야 할 바이니 대개 국용을 풍담하
게 하여 민력을 유복하게 하기 때문이다. 996년(성종 15년) 4월에 비로
소 철전을 사용하였다." 이를 통해 우리나라에서 최초로 사용된 주조
화폐가 철전이라는 사실을 알 수 있다.

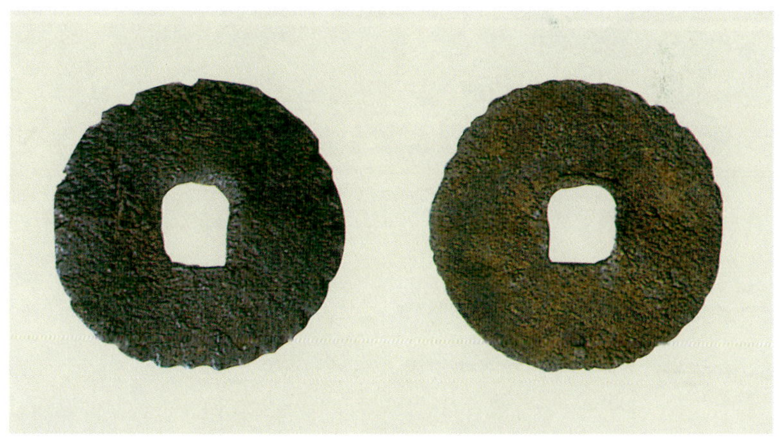

무문전(無文錢) 고려 초기에 주조된 무문철전으로 두드려 만들었기 때문에 만들기가 쉬웠
다. 유통 수단보다는 부장용(副葬用)으로 만들어진 것이 아닌가 추정된다.

개성 부근에 있는 고려시대 고분에서 출토된 철주전이 당시의 철전
으로 추정되는데 그 형태가 둥글고 가운데 네모난 구멍이 뚫려 있다.
철전에 대한 자세한 기록은 없지만 주조된 철전을 꾸러미로 묶어 창고
에 보관하고 있다가 다음해 길일을 택하여 유통시켰다는 기록이 『고려
사』의 「식화지」에 있다.

10세기 말에 이르러 목종은 철전의 사용을 장려하고 포화(布貨)의
사용을 금지하였지만 나중에는 철전이 민간에서 사용하기 불편한 점을
인정하고 철전과 포화를 함께 사용하는 전포겸용책(錢布兼用策)으로
전환하였다. 이리하여 11세기 초부터 점포의 상거래에서는 종전과 같
이 철전을 사용하고 민간인들간의 사적인 거래에 있어서는 포화 등 토
산물을 사용할 수 있도록 하였다. 그러자 11세기 말에는 일부의 제한적
인 분야에서만 철전이 사용되었고 오히려 곡화, 포화 등 물품 화폐가
일상적으로 널리 사용되는 현상을 보였다.

은화의 발행과 유통

1101년(숙종 6)에는 은 1근으로 고려의 지형을 본떠 화폐가 주조되
었다. 이 화폐가 은병(銀瓶)으로 고려의 지형을 본떠 제작하였다고 하
여 속명으로 활구(闊口)라고도 불렸다. 처음에는 순수한 은으로 주조
되었으나 시간이 흐름에 따라 은에 동을 혼합한 질이 나쁜 은병이 불법
으로 주조, 유통됨에 따라 정부는 표인(標印)을 하여 은병의 순도와 중
량을 보증하였다. 따라서 일종의 국가 화폐라고 할 수도 있다.

그러나 은은 부족하고 은병의 가치가 너무 컸기 때문에 위조 은병의
불법 주조가 나타나기 시작하였다. 이러한 불법 주조로 은병의 실질 가
격이 명목 가격 이하로 떨어져 화폐의 기능을 제대로 할 수 없게 되었
다. 이로써 은병은 개경의 관리와 귀족, 지주 사이에서 부의 저장과 이
전 수단으로 주로 이용되었을 뿐 일반 서민층에서는 물품 교환 수단으

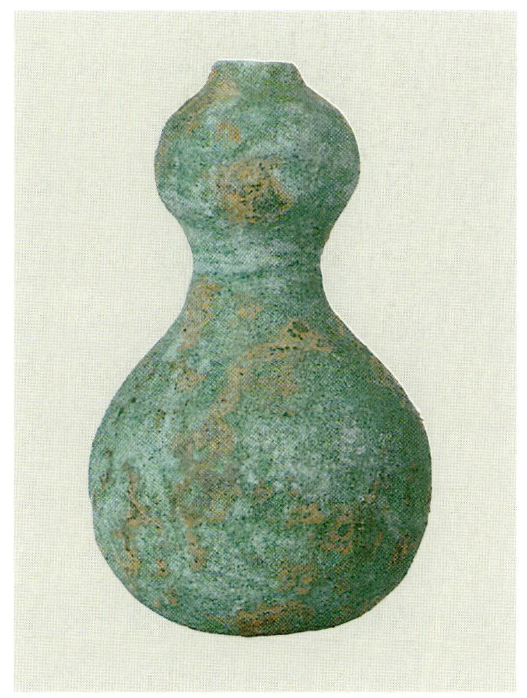

소은병 은병의 불법 주조로 인한 가치 하락 때문에 제조된 것으로, 실질 가치는 구은병보다 약 50퍼센트 높게 평가되었다. 실물은 전하지 않는다.

로 활발하게 유통되지 못하였다.

1287년(충렬왕 13)에는 은병의 불법 주조에 대비하여 은과 동의 합주(合鑄)를 금하고 쇄은(碎銀)을 만들어 화폐로 유통시켰다. 쇄은은 순은괴(純銀塊)로 1탄(綻), 2탄 등으로 불렸으며 가치는 대체로 쌀 5 내지 6가마[石]에 해당하였다. 일정한 중량과 순도를 가진 쇄은은 천칭의 저울추로 사용될 수 있을 정도로 정확한 가치를 유지하고 있어 처음에는 교환 수단으로 널리 사용되었다. 그러나 동을 섞어 쇄은을 불법 주조하는 일이 성행함에 따라 쇄은의 경우도 화폐로서의 기능을 제대로 수행할 수 없었던 것으로 보인다.

1331년(충혜왕 1)에는 소은병이 만들어졌는데 은병의 불법 주조로 그 가치가 하락되었기 때문이다. 소은병의 교환 가치는 1개당 5승포(성긴 포의 일종) 15필로 책정되었는데, 소은병은 구 은병보다 크기가 작은데도 실질 가치는 구 은병보다 50퍼센트 정도 높게 평가되었다. 이는 소은병의 은의 순도가 구 은병의 순도보다 훨씬 높았기 때문일 것이다. 그러나 소은병에서도 위조가 나타났고 은병인지 동병인지 구분할 수 없을 정도로 조악하게 되었다.

고려 말기에는 은병이 유통계에서 거의 그 모습을 감추고 말았지만 일부 지방에서는 조선 초기까지 유통되다가 1408년(태종 8)에 금령으로 유통이 완전히 금지되었다. 은병과 소은병의 실물은 전하지 않는다.

동화의 발행과 유통

은화는 가치가 너무 커 소액 거래에 불편하였기 때문에 은병이 발행된 다음해인 1102년(숙종 7)에 해동통보(海東通寶, 銅貨)를 주조, 발행하였다. 해동통보는 현존하는 우리나라 최초의 주화(鑄貨)로서 동으로 주조되었는데 숙종 7년에 1만 5,000관 곧 1,500만 개를 주조하여 관료와 군인들에게 분배하였다는 기록이 있다. 또 해동통보의 사용을 장려하기 위해 개경 안에 점포를 자유로이 개설토록 하였다. 이러한 결과로 숙종 이후 은화는 대규모 상거래 교환 수단으로, 해동통보는 소액 거래에 주로 사용되었던 것으로 보인다.

또한 정확한 발행 연도는 확인되지 않았지만 숙종 때 발행, 유통된 것으로 추정되는 해동중보(海東重寶)·삼한통보(三韓通寶)·삼한중보(三韓重寶)·동국통보(東國通寶)·동국중보(東國重寶) 등이 있다. 주화에는 주로 '해동'이나 '동국' 등 우리나라를 가리키는 말 다음에 '보(寶)'자를 쓰는데 화폐를 보배로운 것으로 보고 있음을 알 수 있다. 당시 만들어진 대부분의 주화는 겉모양이 원형이며 가운데에는 네모진

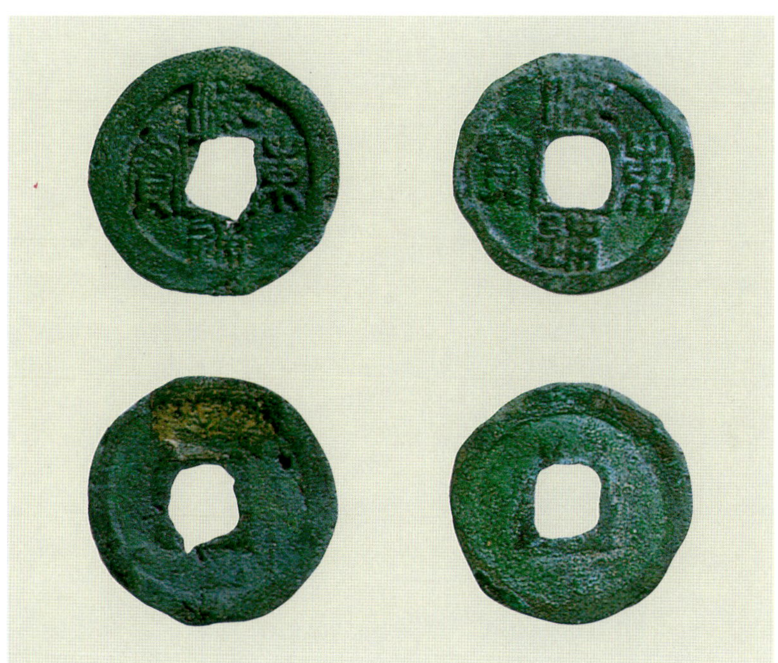

해동통보 현존하는 우리나라 최초의 주화로서 동으로 주조되었으며 숙종 이후 소액 거래
에 널리 사용되었던 것으로 보인다.

구멍이 뚫려 있다. 이는 운반하기에 편리하도록 배려한 실용성과 동양
사상의 얼이 배어 있는 것이다. 뿐만 아니라 원 모양은 하늘을 가리키
고 네모는 땅을 의미하는 것으로 하늘과 땅이 조화를 이루어야 모든 일
이 순조롭게 된다는 뜻도 담겨 있다.

　1097년(숙종 2)에 대각국사 의천(義天)이 엽전을 만들어 쓰자고 건
의한 「화폐론」에서는 돈의 생김새에 대한 상징적인 의미를 이렇게 설명
하였다. 엽전의 밖이 둥근 것은 하늘을 본뜨고 안이 모난 것은 땅을 본
떴다 하면서, 이는 만물을 하늘이 덮고 땅이 실어 없어지지 않게 하는

이치를 담고 있다고 하였다. 이런 생김새를 한 돈은 어디든지 흘러 다니고 백성에게 두루 퍼져 날마다 써도 무디어지지 않을 것이라는 해석이다. 또한 12세기 말에 임춘(林椿)이 지은 「공방전(孔方傳)」에서는 엽전 형태의 돈을 의인화하여 돈의 내력과 행적을 재미있게 서술하였는데 이때 '공(孔)'은 둥글다는 뜻이고 '방(方)'은 모나다는 뜻이다. 이를 통해 당시 사람들의 화폐에 대한 생각의 한 면을 미루어 짐작할 수 있다.

이들 6종의 주조 화폐는 전문(前文)의 크기도 다르고 서체(書體)에 있어서도 진서, 행서, 전서, 예서, 팔분서 등 모두 60여 종의 변이가 있다. 또한 대부분의 소재가 동이지만 해동통보와 삼한통보는 은으로 주조하기도 하였는데 이는 일종의 별전으로 보인다.

조선시대

조선시대는 중앙 집권적인 통치 제도를 확립하고 경제 발전에 맞추어 지속적으로 화폐 제도를 개선하고자 많은 노력을 기울였다. 태종대에 저화제가 실시되었고 세종대에는 조선통보를 발행하였으며 세조대에는 전폐가 주조되었다. 그러나 본격적으로 화폐가 유통된 시기는 17세기 말 상평통보가 유통되면서부터라고 할 수 있다.

저화의 등장

1391년(공양왕 3)에 고려 말의 궁핍한 재정난을 타개하기 위해 송의 '회자', 원의 '보초'와 유사한 지폐를 발행하려는 시도가 있었다. 지폐에 대한 인판이 완성되고 인쇄도 이루어졌으나 고려 말 개혁파의 반대로 발행되지 못하였다. 그러다가 개혁파가 조선을 건국하면서 물품 화폐의 유통 불편과 주화의 위조 폐단 문제를 해결하기 위해 지폐의 발행을 다시 시도하였다.

1401년(태종 1) 4월, 좌의정 하륜(河崙)의 제의에 따라 지폐제를 도입하기로 하고 사섬서(司贍署)를 설치한 뒤 1402년 1월부터 저화를 인조(印造), 발행하였다. 저화의 교환 가치는 원칙적으로 저화 1장=상 5승포(常五升布) 1필=쌀 2두, 저화 30장=면포 1필로 정하였다. 그러나 저화의 발행량 증가와 현물을 선호하는 심리 때문에 저화의 교환 가치는 본래보다 하락된 것으로 보인다. 정부는 저화를 유통시키기 위해 관리의 녹봉 일부를 저화로 지급하였으며 저화로 금, 은, 목면, 마포 및 경상도 미곡 2,000석과 전라도 미곡 1,000석을 사게 하였다. 따라서 백성들은 쌀을 사기 위해 면포를 호조에 납부하고 저화를 받아 갔다.

또한 정부는 「저화통용법(楮貨通用法)」을 반포하여 저화를 강제로 통용케 하였다. 이 법에 따르면 백성들은 상거래를 할 때 저화를 50퍼센트 의무적으로 사용하고 이를 위반하면 매매한 물건을 정부에 몰수당하였다. 이러한 정부의 노력에도 불구하고 저화는 일상적으로 유통되지 못하였다. 일반 국민들이 관습대로 사용 가치가 있는 포화를 선호하고 교환 가치밖에 없는 저화의 사용을 기피하였기 때문이다. 그리하여 다음해 9월에 사섬서가 폐지되고 저화의 유통도 중지되었다.

1410년에는 저화통용법을 다시 시행키로 하였는데 저화로 세포(細布)를 대신하도록 하였고 저화의 원료를 확보하기 위해 닥나무를 널리 심도록 강제하였다. 한편으로는 잠포(蠶布)와 5승포의 사용도 금하였고 구형 저화 2장을 신형 저화 1장으로 교환해 주었다. 그러나 1415년(태종 15년) 제한적으로 포화의 유통을 허용함에 따라 저화의 가치가 다시 하락하였다. 1425년에는 동전인 조선통보가 사용되기 시작하면서 저화 가치는 더욱 하락하였다. 통용을 정지하고 저화 1장을 조선통보 1문(文)과 교환하여 사용하도록 하였다. 그러나 1445년 저화를 다시 통용시키고 관리의 녹봉으로 저화를 주었으며 정부에서 지출할 때에도 가능하면 저화를 사용하였다.

저화는 현물이 전하지 않기 때문에 상세한 모양을 알 수 없다. 다만 기록에 의하면 화주지(貨注紙)와 상주지(常注紙)의 2종이 있는데 화주지는 길이 1척 6촌(48.5센티미터), 가로 1척 4촌(42.4센티미터)이었고 상주지는 각각 1척 1촌(33.3센티미터)과 1척(30.3센티미터)이었다고 한다. 출처가 분명하지 않으나 "조선저폐지인(朝鮮楮幣之印)"이라 새겨진 동인(銅印)이 서울대학교에 보관되어 있는데 저화 인쇄용으로 사용되었던 것으로 추정된다.

대전통편 조선시대의 법전으로 '호조' 편에 저화의 가치를 서술한 부분이 있다.

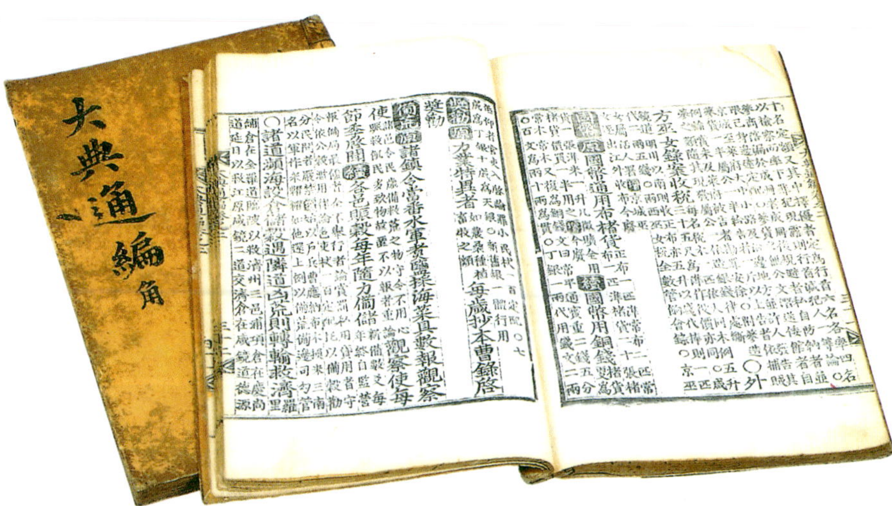

이와 같이 조선시대에 금속 화폐보다 지폐가 먼저 발달하게 된 이유
는 금속 화폐의 원료를 확보하기가 어려웠기 때문인 것으로 보인다. 한
편 정부가 저화 유통을 위해 꾸준히 노력하였는데도 저화가 널리 유통
되지 못한 이유는 일반 국민이 관습적으로 사용하여 온, 사용 가치와
교환 가치를 함께 지니고 있는 물품 화폐를 선호하였기 때문이다. 이러
한 문제로 일정 기간(1403년 9월~1410년 6월과 1425년 4월~1445년 11
월) 저화의 유통이 정지되기도 하였지만 임진왜란 이전까지는 제한적
이지만 저화가 계속 유통된 것으로 보인다.

조선통보

세종 때의 조선통보　저화는 그 액면 가격이 지나치게 커서 소액
거래에 불편하였고 실질 가치가 없어 유통이 부진하였다. 이러한 문제
점 때문에 1415년에 동전 발행을 결정하고 대외적으로 공고까지 하였
으나 실행하지 못하였다. 동전 발행이 오히려 기존의 저화를 무용지물
로 만들어 결과적으로 백성들의 곤궁을 더욱 심화시킬 것을 우려하였
기 때문이었다. 그러나 거듭되는 흉년으로 저화 가치가 하락되어 통화
기능을 제대로 발휘할 수 없게 되자 1423년(세종 5) 조선 최초의 동전
인 조선통보 발행을 결정하고 1425년 2월부터 유통을 시작하였다.

조선통보는 당의 개원통보를 본떠 만든 진서체 모양의 동전으로 중
국 동전에 손색 없는 매우 정교한 우수품이다. 1424년 경상좌·우도와
전라도에 각기 15개의 주전소를 설치하고 조선통보를 주조하였으나 주
전의 원료인 동이 부족하여 전국의 폐사(廢寺) 등에서 동불, 동종, 동
기 등을 회수하기도 하였다. 또 민간에서 사용하지 않는 동을 모두 정
부에게 팔도록 하고 동 1근의 가격으로 동전 150문을 주었다. 한편 주
전 원료의 개발을 위해 국내 동광 개발을 적극 추진하기도 하였으며 부
족한 동은 일본에서 수입하여 조달하였다.

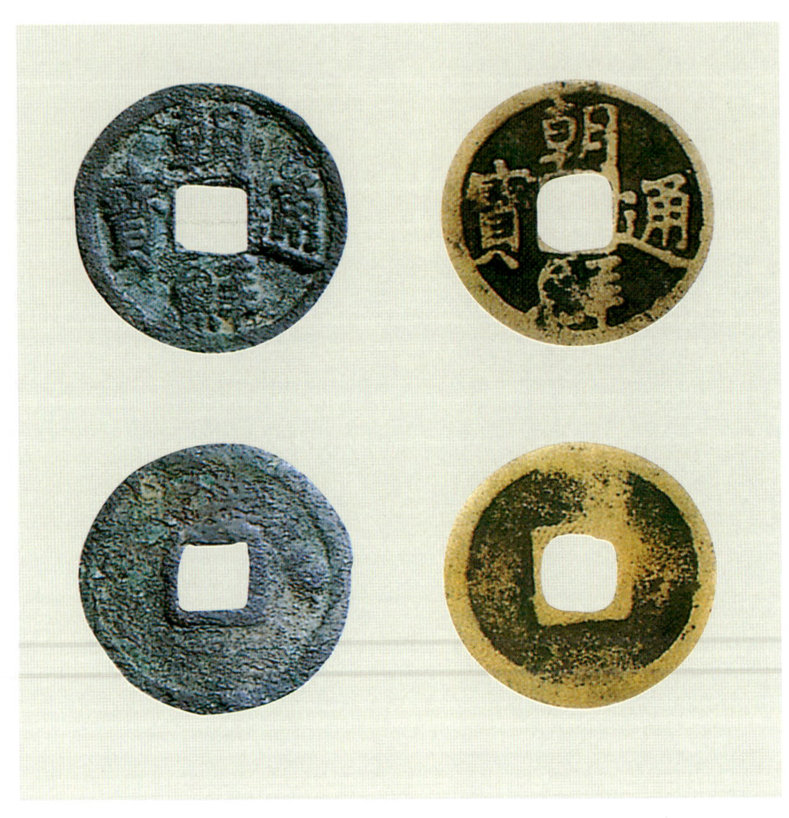

조선통보 1423년 제조된 최초의 동전으로 중국 동전에 손색 없는 우수품이지만 유통은 그
리 활발하지 못하였다.

　초기에는 조선통보와 저화가 병용되었으나 1425년 4월에 저화와 포화의 유통을 금지하고 저화 1장을 조선통보 1문과 교환하게 하였다. 그리고 동전 1문의 가치를 쌀 1되로 정하였으나 실제 거래에 있어서는 동전 3문이 쌀 1되로 통용되었다. 1429년에는 조선통보의 가치가 더욱 하락하여 쌀 1되에 조선통보 12 내지 13문이 교환되었다는 기록이 있다. 결국 일반 국민은 조선통보보다는 포화나 미화를 선호하였고 이에 따라 조선통보의 유통은 그리 원활하지 못하였으며 1445년(세종 27)에 저화제가 다시 시행되면서 조선통보는 화폐의 기능을 제대로 하지 못하였다.

　정부는 조선통보의 가치를 유지시키기 위한 정책을 시행하기도 하였다. 조선통보의 가치가 하락할 때에는 정부가 보관하고 있던 미곡과 해산물 등을 민간에 방출하여 조선통보를 회수하였으며, 반대로 민간에서 조선통보가 귀할 때에는 정부가 보유하고 있던 것을 방출하였다. 이는 정부가 오늘날 중앙은행이 담당하고 있는 통화량 조절 정책과 유사한 기능을 수행하였다고 말할 수 있다.

　인조 때의 조선통보　1634년(인조 12) 10월에는 중국의 만력통보전을 모방하여 조선통보를 새로 주조하였다. 정묘호란 이후 국민 생활을 풍족하게 하고 국가 재정을 여유 있게 한다는 목적으로 동전 주전에 관한 논의가 전개되었으며, 결과적으로 중국의 만력통보전의 모양을 본뜨되 이름은 조선통보로 하고 세종 때의 조선통보와 구분하기 위해 글씨체를 팔분서(八分書)로 바꾸었다. 동전의 주조는 중앙의 호조에서 담당하였으나 안동, 개성, 전주, 공주, 해주, 수원 등지에도 주전소를 분설하여 수전을 분담하도록 하였다.

　조선통보의 교환 가치는 조선통보 2문이 쌀 1되에 상당하였다. 정부에서는 조선통보를 발행한 다음 과거의 잔류 동전과 중국전의 유통을 금지하고 상인 중심으로 유통되던 잔류 동전은 새로운 동전으로 교환해

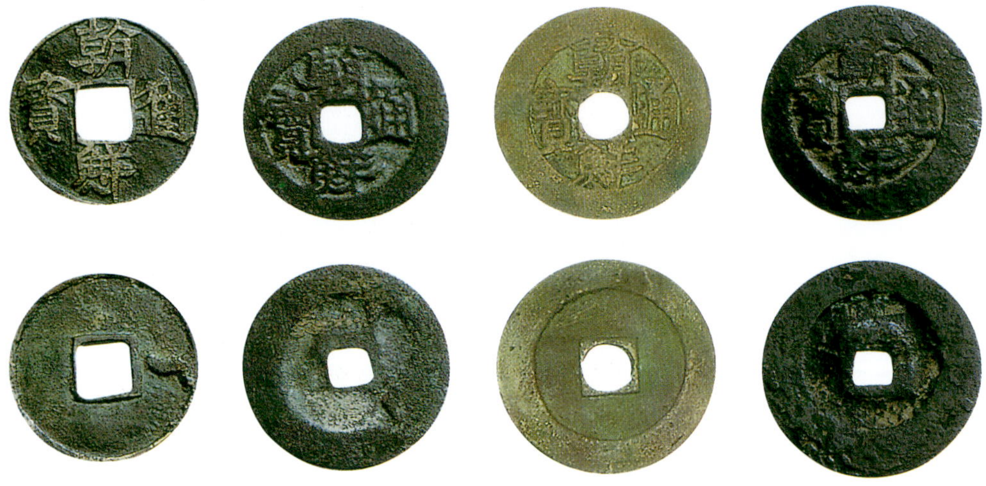

팔분서 조선통보 형태, 전문의 수법 등이 서로 다른 10여 종이 다량 현존하고 있으나 각 발행 관서별로는 구분되지 않는다. 당시의 국민들이 주화 사용에 익숙하지 않은 관계로 유통이 활발하지 못하다가 병자호란으로 주조와 유통이 중단되었다.

주었다. 또한 조선통보의 유통을 촉진시키기 위해 부분적으로나마 부세전납제(賦稅錢納制)를 실시하였으며 상거래에 있어 조선통보를 교환 수단으로 사용하게 함으로써 동전 유통의 편의성을 일반 서민에게 인식시키고자 노력하는 등 동전의 유통을 적극 장려하였다.

그러나 주화 사용에 익숙하지 않은 국민들은 여전히 쌀이나 베 등을 교환 수단으로 애용하였으므로 새로 주조된 팔분서 조선통보의 통용도 활발하지 못하였다. 결국 1636년(인조 14) 병자호란으로 조선통보의 주조와 유통은 중단되었다.

팔분서 조선통보는 형태, 전문의 수법 등이 서로 다른 10여 종류가 다량으로 현존하고 있으나 각 발행 관서별로는 구분되지 않는다.

전폐

전폐(箭幣, 팔방통보)는 1464년(세조 10)에 국가 비상시에 무기로 활용하기 위해 만든 화폐이다. 즉 평상시에는 화폐로 사용하지만 비상시에는 화살촉으로 사용할 수 있도록 주조한 것이다. 전폐는 모양이 버드나무 잎과 같다고 하여 유엽전이라고도 부르며 길이가 1치 8푼, 둘레가 1치 7푼이고 양면에는 팔방통보의 넉 자를 각각 표시하였다.

전폐 1개는 저화 3장에 해당한다는 『세종실록』의 기록은 있지만 그 가치나 발행량이 정확하게 어느 정도인지에 대해서는 확실한 기록이 없다. 그러나 현재까지 전폐가 발견되지 않은 점을 보면 전폐의 발행량은 그리 많지 않았던 것으로 추정된다.

상평통보

초주단자전(初鑄單字錢) 1678년(숙종 4)에 당시 영의정 허적(許積)의 제의로 상평통보가 주조, 발행되었고 이후 약 200년간 계속 유통되었다. 따라서 상평통보는 우리나라에서 본격적으로 유통된 주조 화폐라고 할 수 있다. 또한 상평통보가 일반인에게 널리 유통되면서 화폐 단위도 정립되었다.

상평통보는 민간에서 한 닢, 두 닢으로 헤아렸기 때문에 흔히 엽전이라 불렸다. 상평통보가 널리 유통된 이유는, 첫째 국내적으로 정부가 운영하는 수공업이 쇠퇴하고 민간이 운영하는 수공업이 발전함으로써 국내 시장의 상품 교류가 확대되고 1645년 회령 지방(회령 개시)을 시초로 국경 무역이 활발해짐에 따라 화폐의 필요성이 제기되었고, 둘째 임진왜란 이후 국가 재정이 궁핍하였으나 재정 지출은 계속해서 증가됨에 따라 이에 대한 재원 마련의 필요성이 있었기 때문이다.

처음에는 호조, 상평청, 진휼청, 어영청, 훈련도감 등의 중앙 관서에서만 주조하였으나 동전 원료의 부족, 주전 설비의 미비, 주전 기술의

미숙 등으로 나라에서 필요한 양을 주조하기에는 부족하였다. 그리하여 동전의 필요성이 높은 지방인 평안도와 전라도의 감영과 병영에서도 동전을 주조하게 함으로써 동전의 유통을 촉진시키고자 하였다.

1678년에 발행된 상평통보는 초주단자전이라고 불리는데 뒷면에 아무 글자가 없거나 상부에 각 동전 제조 관영의 약호(호조는 호, 어영청은 영, 경기 감영은 경, 평양 감영은 평)가 한 자씩 표시되기도 하고 예외적으로 상·하부에 두 자씩 표시된 것도 있다. 뒷면 하부나 좌우면에는 반월형 또는 소원형(해, 별 등의 부호)의 기호가 표시된 것도 있다. 상평통보 1문의 중량은 1전 2푼(4.5그램)이고 화폐 가치는 은 1냥을 기

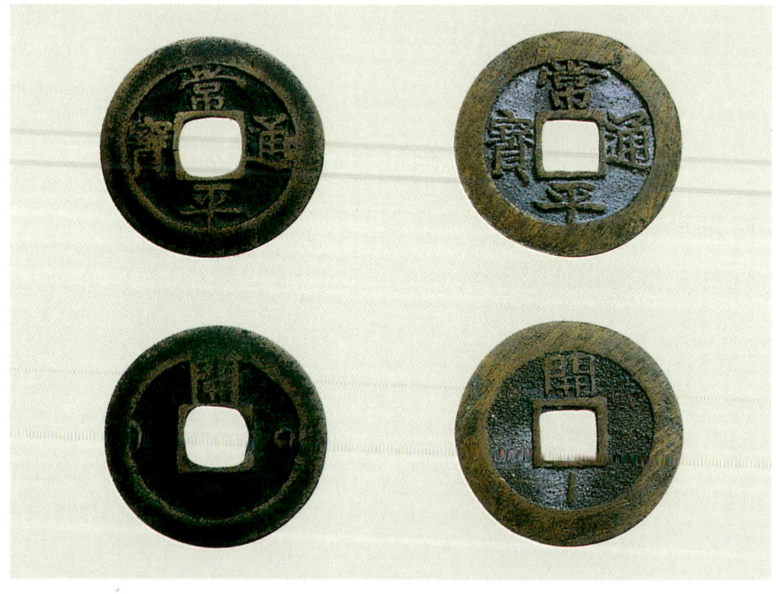

초주단자전 1678년에 발행된 상평통보는 초주단자전이라고 불리는데 뒷면에 아무 글자가 없거나 상부 또는 상·하부에 글자나 기호가 새겨져 있다. 개성 관리영에서 주조된 상평통보이다.

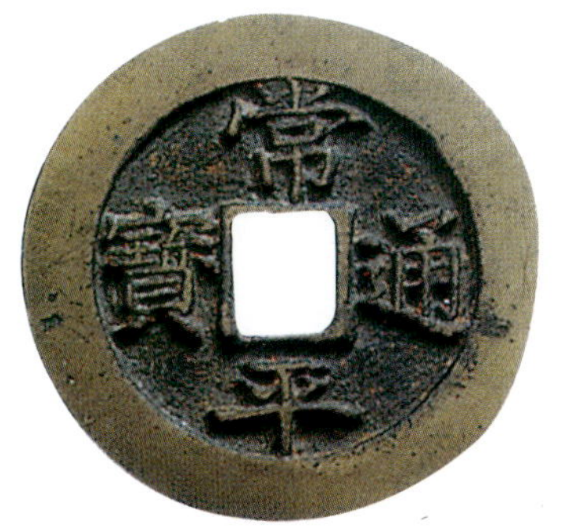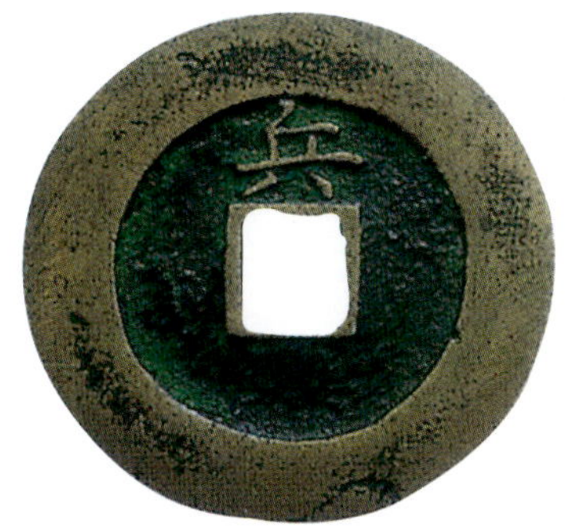

병조에서 주조된 세자(細字) 상평통보

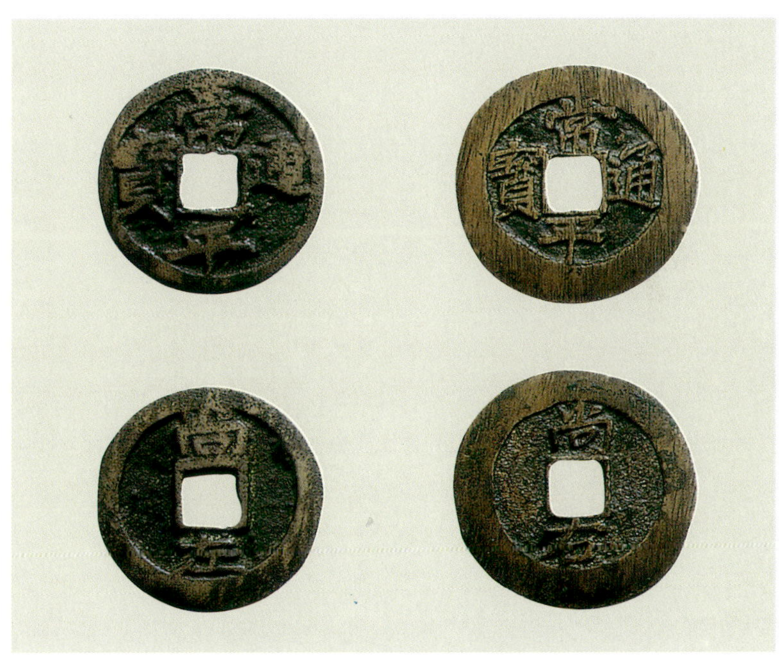

경상 좌·우수영에서 주조된 상평통보

준으로 400문이었으며 쌀 1되가 4문이었다. 상평통보의 계산 단위를
십진법으로 나타내면 다음과 같다.

　10문=1전,　10전=1냥,　10냥=1관

　은 1푼=상평통보 4문=쌀 1되

　〔당시의 중량 단위 : 1냥=10전=100푼=1,000리(16냥=1근)〕

당이전(當二錢) 또는 절이전(折二錢)　1679년(숙종 5) 정부는
상평통보의 규격을 변경하였다. 초주단자전을 대신하여 당이전 또는
절이전이라는 대형전을 주조, 발행하였는데 중량은 2전 5푼(8.375그램)
이었고 은 1냥에 대한 공인 교환율도 100문으로 변경하였다.

　당이전은 초주단자전과 구별하기 위해 뒷면 하부에 '이(二)' 자를 넣
어 발행하였다. 당이전이 새로 발행되었을 당시에는 초주단자전과 당
이전이 함께 유통되었지만 초주단자전은 차츰 유통되지 않고 당이전이

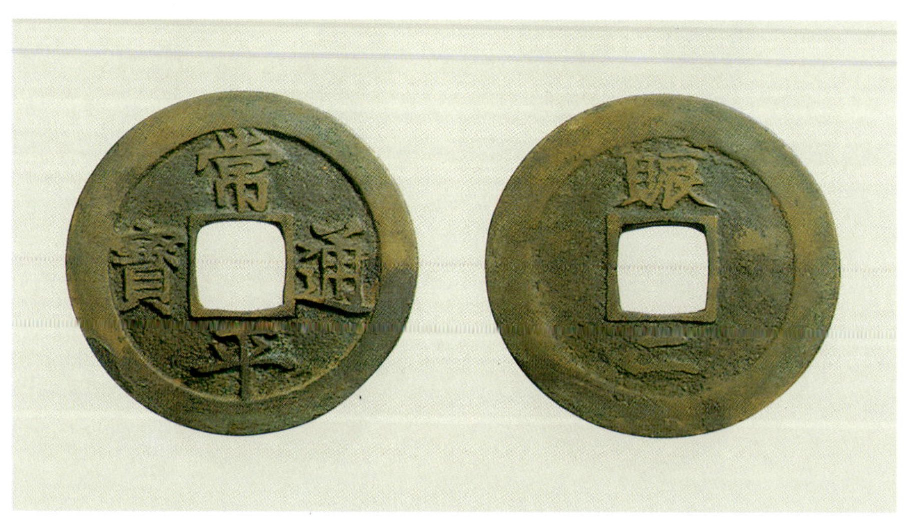

1679년에 제조된 진자전

상평통보를 대표하였다. 상평통보 당이전은 처음에는 중앙에서만 주조, 발행하였지만 뒷날에는 지방에서도 주조, 발행되었다.

현재 발견된 당이전 가운데 중앙에서 발행된 것으로는 진휼청의 진자전, 병조의 병자전, 공조의 공자전, 정초청의 초자전, 훈련도감의 훈자전, 무비사의 무자전, 통위영의 통자전, 선혜청의 선자전, 양향청의 향자전, 수어영의 수자전, 비변사의 무자전 등이 있다.

지방에서 발행된 것은 경기 감영의 기자전, 함경 감영의 함자전, 충청 감영의 충자전, 경상 감영의 상자전, 수원 관리영의 수자전, 광주 관리영의 광자전, 강화 관리영의 강자전, 강원 감영의 원자전, 황해 감영의 황자전과 해자전, 평안 수영의 평수자전, 경상 좌영의 상좌자전, 경상 우영의 상우자전, 경상 수영의 상수자전, 경기 수영의 경수자전으로 팔도 전역의 주전소에서 발행되었음을 알 수 있다.

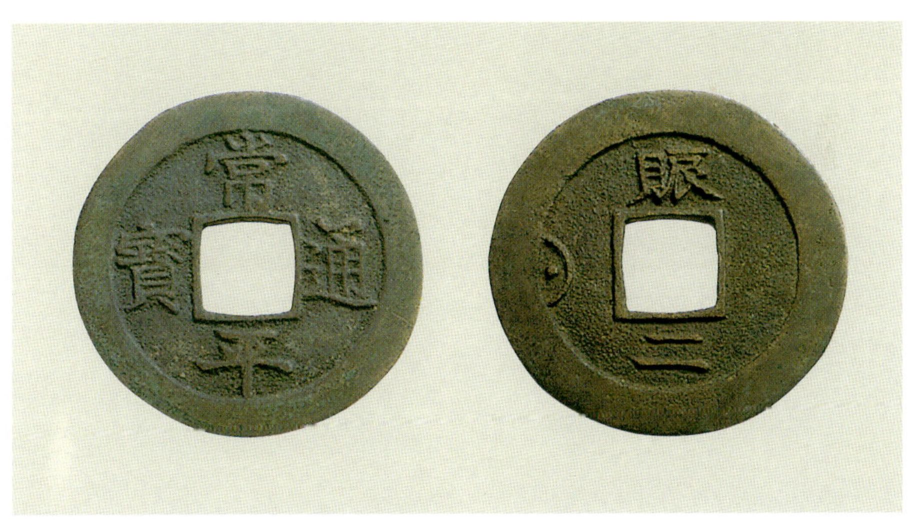

1679년에서 1695년 사이에 제조된 반월형 진자전

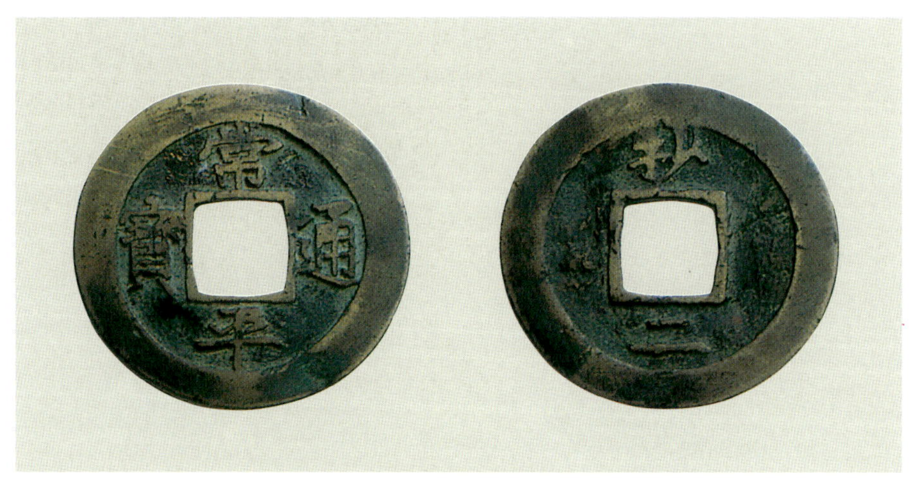

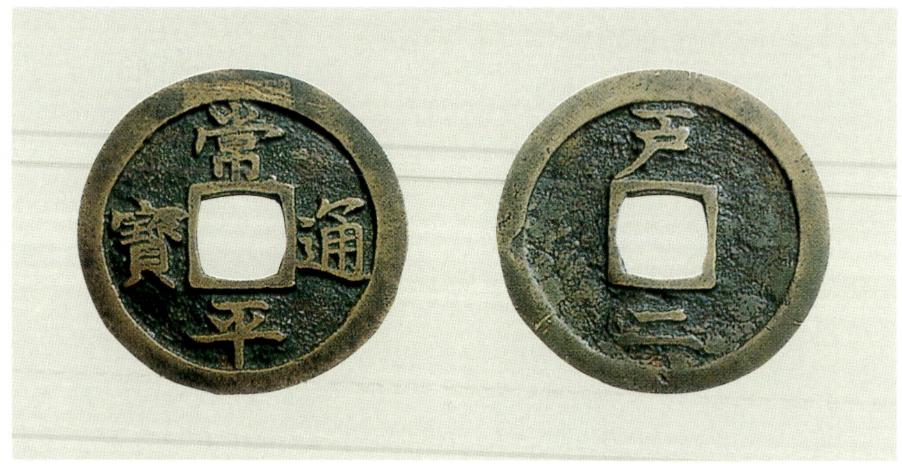

초자전 1679년에 정초청에서 주조, 사용되었던 당이전이다. (맨 위)

호자전 1724년에서 1752년 사이에 호조에서 주조, 사용되었던 당이전이다. (위)

처음에는 당이전의 화폐 가치가 제대로 유지되었지만 정부가 부족한 재원을 마련하기 위해 발행을 증대하면서 가치가 하락하여 1689년에 이르러서는 은 1냥이 당이전 400문에서 800문이 될 정도로 그 가치가 폭락하였다. 이에 따라 정부는 보유하고 있던 마포를 방출하여 동전을 환수하는 한편, 1680년(숙종 6) 2월에 이르러서는 지방관서의 동전 주조를 금지시키기도 하였다. 또한 과잉 주조로 인한 폐단을 방지하기 위해 주전 기간과 주전량을 한정하고 호조에서 주조된 동전의 품질을 검사하게 하였다. 과잉 주조의 문제 등으로 인해 상평통보의 주조 작업은 1697년에 일단 완료된 것으로 보인다.

그러나 1731년(영조 7) 흉작으로 인한 빈민 구제 자금 등을 조달하기 위해 호조와 진휼청에 대해 상평통보를 다시 주조하도록 함으로써 30여 년간 중단된 상평통보의 주조가 재개되었다. 이러한 상평통보의 재주조는 주조 중단으로 인해 발생한 화폐 부족 현상〔錢荒〕을 해결하기 위한 목적도 있었던 것으로 보인다.

중형상평통보(中型常平通寶**)**　1752년(영조 28)에는 훈련도감, 어영청, 금위영 등 중앙의 3개 군사 부서와 지방의 통영에 대해 중형상평통보를 주조, 발행하도록 하였다. 중형상평통보의 액면 가치는 당이전과 동일하지만 중량이 약 1전 7푼(1757년에는 1전 2푼)으로 당이전보다 줄어들고 크기도 축소되었다. 이러한 이유는 주전의 원료 부족을 해결하는 한편 주조 이익을 높이고자 하였기 때문으로 보인다.

중형상평통보의 뒷면에 주전로(鑄錢爐)의 표시로서 금(金)·목(木)·수(水)·화(火)·토(土)의 문자 가운데 한 자씩이 표시된 것도 있고 주소 연도인 '임(壬)' 자를 표시한 것도 있다. 이러한 표시는 주전로 증설에 따른 불법 주조를 미리 방지하고자 한 것으로 보인다.

위와 같이 숙종 이후 상평통보의 발행과 유통 현황을 보면 상평통보

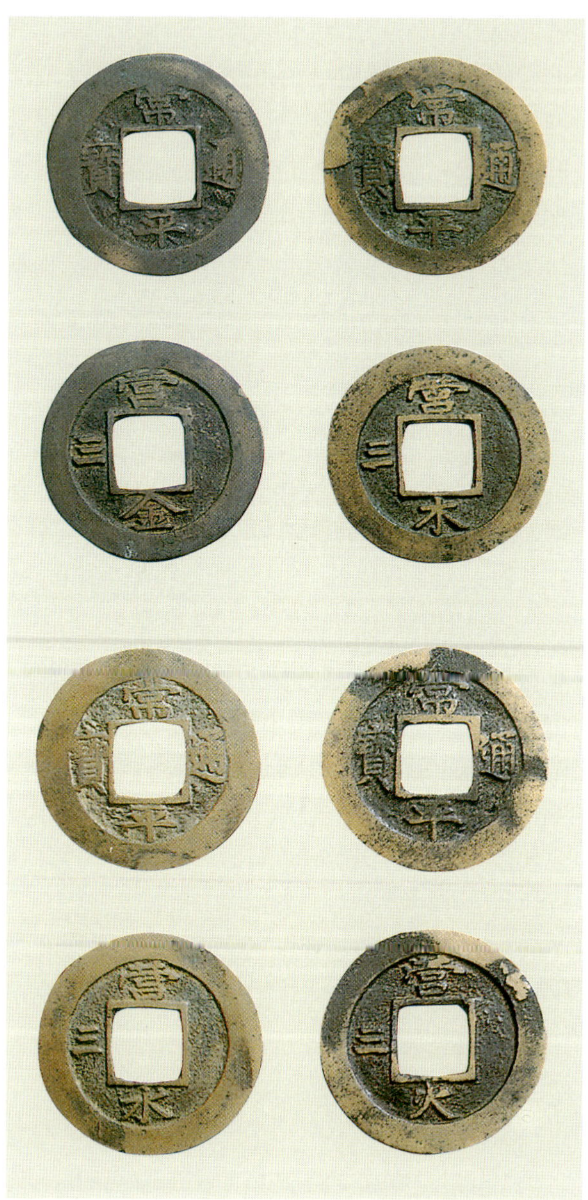

중형전 1752년에 어영청에서 주조한 것으로 액면 가치는 당이전과 동일하지만 중량이 줄어들었고 크기도 축소되었다.

가 종래 주도적인 화폐였던 포화와 곡화를 대신하여 일반적인 교환 수단으로 자리잡았음을 알 수 있다. 이와 같은 상평통보의 보편적인 사용은 당시 조선의 경제, 사회 생활 양식에 커다란 변화를 가져왔다. 첫째로는 농업 사회에서 상업 사회로 전환하는 계기가 되었고 둘째로는 고리대금업이 성행하게 되었다. 마지막으로 일반 국민도 다양한 물품을 구입할 수 있는 계기가 마련됨으로써 지배 계층의 특권적 기반을 약화시키는 요인이 되었다.

당백전

1866년(고종 3) 11월 정권을 장악한 대원군은 극심한 재정난을 해결하고 경복궁을 중건하기 위한 재원을 마련하기 위해 당백전(當百錢)을 주조키로 하였다. 당백전은 호조 관할 아래에 있는 금위영에서 주조되었다. 명목 가치가 상평통보 1문의 100배에 해당한다 하여 이름을 당백전이라 하였지만 소재 가치는 상평통보의 5, 6배에 지나지 않았다. 명목 가치가 소재 가치보다 약 20배나 되어 불법 사주조(私鑄造)가 상당히 성행하였던 것 같다.

당백전이 주조되었지만 과거의 상평통보도 병용되었다. 정부의 지출과 수납에 있어서 당백전과 상평통보의 사용 비율을 2 대 1로 하도록 하다가 1868년 2월에는 공사의 모든 거래에 있어 1냥 이하의 거래에는 상평통보를, 1냥 이상의 거래에는 당백전을 쓰도록 하였다. 이와 같이 당백전과 상평통보가 함께 유통됨으로써, 당연히 당백전은 악화가 되고 상평통보는 양화로 되는 '그레섬의 법칙'이 적용되어 상평통보는 모습을 감추게 되고 낭백전만이 유통되는 등 혼란이 발생하였다.

또한 당백전의 유통은 당연히 격심한 인플레이션을 초래하였다. 1866년 12월경에 미곡 1석 당 7, 8냥 하던 것이 1867년에는 40냥 이상으로 급등하였으며 이로 인해 일반 서민의 생활은 극도로 피폐해졌다.

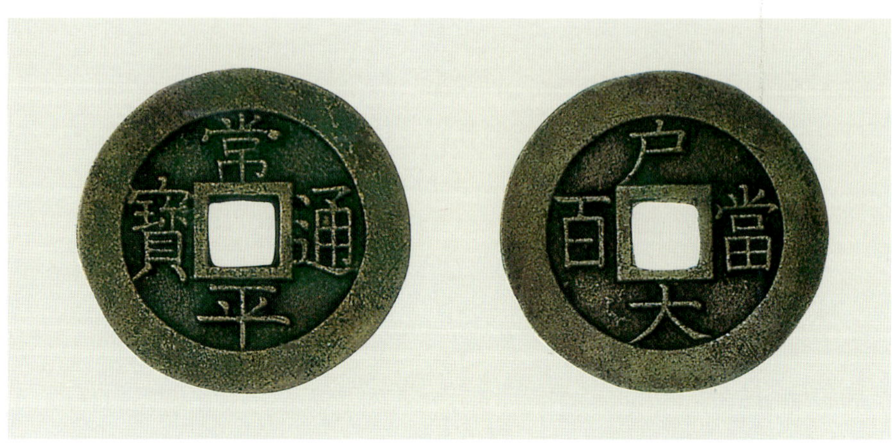

당백전　격심한 재정란을 해결하고 경복궁을 중건하기 위해 1866년 호조에서 주조된 '대
(大) 자' 당백전이다.

그러다가 1867년 10월 최익현의 상소로 당백전의 유통이 금지되었고
유통되던 당백전은 상평통보 또는 청전(淸錢)으로 교환되었으며 한수
된 당백전은 철재로 사용되었다. 당백전의 주조 총액은 약 6개월 동안
1,600만 냥에 달하였다.

대동은전

1882년(고종 19)에 우리나라에서는 근대 화폐로서 대동1전, 대동2
전, 대동3전이라는 은화를 발행하였다. 은전은 청국에서 구입한 미제
은(馬蹄銀, 중국에서 거액의 거래를 할 때 화폐처럼 사용하던 말굽 모양
의 은괴) 3만 냥을 원료로 하여 호조에서 주조되어 1882년 11월부터 유
통되었다. 이들은 가운데 구멍이 뚫려 있지 않은 최초의 서양식 주화로
서 뒷면의 작은 원 안에 '호(戶)' 자를 새겼다. 이로써 전근대적 화폐
인 상평통보와 근대적인 화폐라고 할 수 있는 대동은전(大東銀錢)이

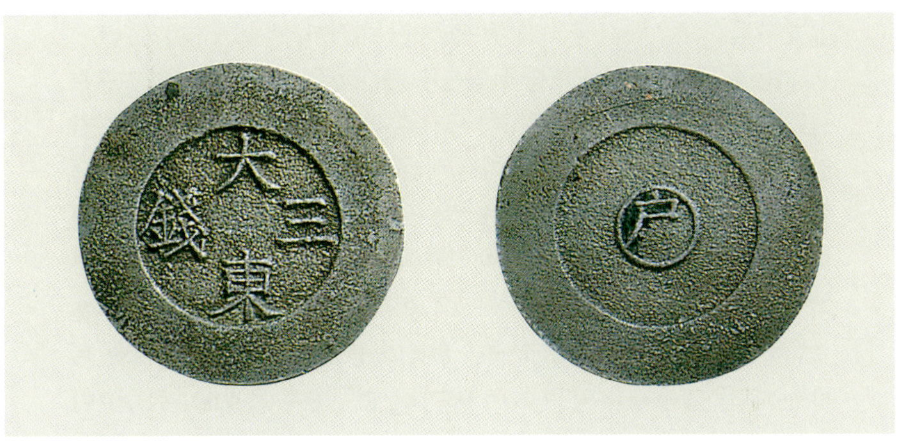

대동3전 가운데 구멍이 뚫려 있지 않은 최초의 서양식 주화로 뒷면의 작은 원 안에 호조에서 제조되었음을 알리는 '호(戶)' 자가 있다. 1882년에 주조되었다.

동시에 유통되었다.

그러나 대동은전의 발행 근거를 나타내는 기록이 보이지 않아 소재 가치나 명목 가치를 정확하게 알 수 없으며 그것이 본위 화폐의 성격을 띤 것인지의 여부도 알 수 없다. 더구나 대동은전은 대부분 해외로 유출되거나 재산 축적용으로 퇴장(退藏)하여 거의 유통되지 못하였다. 원료인 마제은의 가격 급등으로 대동은전의 제조 원가가 상승하여 소량의 주조에 그치고 말았으며 9개월이 지난 1883년(고종 20) 6월에는 주조가 중단되었다.

대동은전은 이미 근대적인 화폐 제도를 채택한 선진국의 본위 화폐에 비해 주조 기술이나 주화의 형태가 뒤떨어지지만 아직 근대적인 화폐 제도를 채택하지 못하였던 당시로서는 상당히 정교한 것이었다. 이러한 대동은전을 통해 개항 이후 우리 정부의 근대 화폐 발행에 대한 많은 노력을 알 수 있다.

당오전

　1883년 2월에 서울과 지방에 임시로 주전소를 설치하여 당오전(當五錢)을 발행하였다.　상평통보의 5배에 해당한다고 하여 당오전이라 불렸으나 당오전의 소재 가치는 대체로 상평통보의 2배에 지나지 않았던 것으로 보인다.　이와 같이 소재 가치에 비해 명목 가치가 엄청나게 큰 화폐를 강제로 유통시킨 이유는 당백전과 마찬가지로 재정난을 해소하기 위해서였다.

　한편 정부는 당오전의 주요 제조 원료인 동을 생산하기 위해 동광 개발에 노력하였다.　당시 동광으로 알려져 있는 곳이 24개소나 있었는데 1883년 동광 규모가 큰 갑산동광에서는 160톤, 후창광산에서는 100톤의 동을 채굴하였다.　또한 국내의 동광 개발을 위해 일본 기술과 자금을 도입하였으며 그래도 모자라는 원료는 일본 등에서 수입하였다.

　1888년(고종 25)에 이르러 정부에서는 이제까지와는 달리 일반 민간인도 당오전을 주조할 수 있도록 허가하였다.　정부는 일정한 조세만 징수하고 주조에 필요한 시설과 기구, 원료 등 필요한 모든 비용은 도급업자가 부담하게 하였다.　40일〔1期〕 동안 1노(爐)의 주전에 대해 300 내지 400문의 세금을 납입하였다는 기록이 있으며 당시의 유명한 민간 주전소인 만리창(萬里倉)에서는 많게는 하루에 6, 7만 냥을 주조하였다고 한다.

　당오전이 유통되자 다시 '그레셤의 법칙'이 적용되었다.　곧 소재 가치가 큰 양화인 상평통보는 유통되지 않고 당오전이 주로 유통되는 것이다.　특히 경상, 전라, 평안 등에서는 지방관들이 세금을 상평통보로 받아들이고 중앙으로의 납입은 당오전으로 하여 폭리를 취하기도 하였다.　당오전의 질은 민간에 도급을 허가한 이후 떨어졌으며 이에 따라 당오전의 가치가 하락하고 물가는 급등하였다.　1884년 봄에는 쌀 1되 당 25문, 목면 1자 당 17문 하던 것이 11월경에는 각기 75문, 50문으

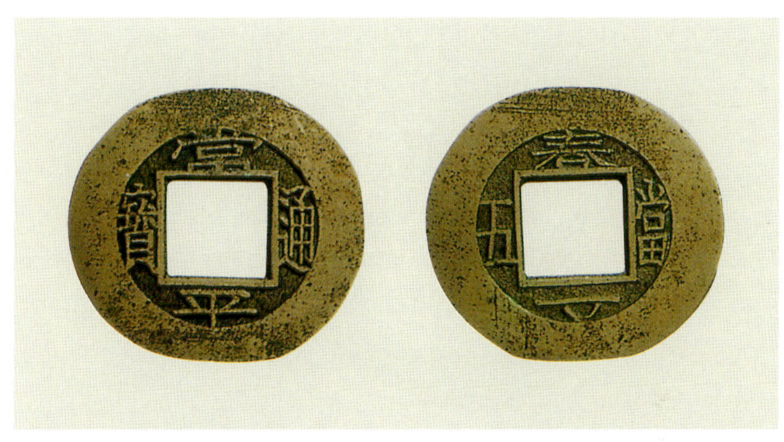

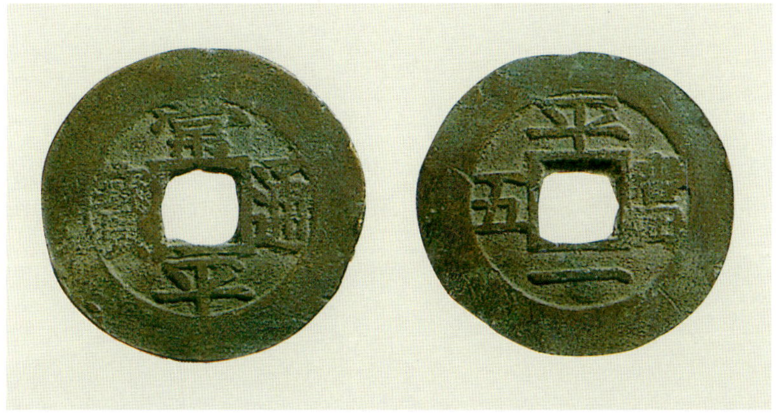

당오전 1883년에 재정난을 해소하기 위해 상평통보의 5배에 해당하는 가치를 지닌 당오전을 발행하였다. 맨 위는 1883년 평안 감영에서 주조되었고 위는 1888년 춘천 관리영에서 주조된 것이다.

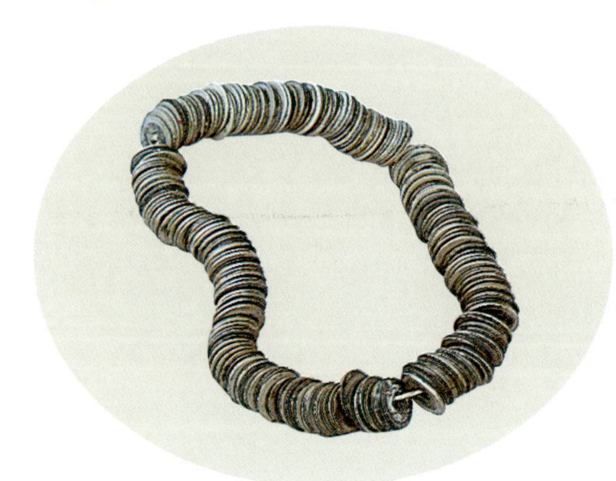

돈궤와 돈꾸러미 조선시대에
쓰였던 것으로 국립민속박물관
소장품이다.

로 3배 정도 올랐다. 그러나 노임은 2배 정도밖에 오르지 않아 일반 국민의 생활고는 더욱 심해졌다.

한편 당시 유통되던 일본 화폐에 대한 교환 비율도 3배 이상 하락하였다. 당오전이 유통되기 이전에는 일본 화폐와의 교환 비율이 1 대 2.5(1원 대 2냥 5전)이던 것이 당오전이 유통된 후에는 1 대 8(1원 대 8냥)이 되었다. 또한 일본인이 한국인과 합작하여 불법적으로 주전에 개입하였으며 당오전과 교환할 수 있는 일종의 신용 수단인 환표〔광통전행환표(廣通錢行換票), 10냥(兩)〕를 발행, 유통시킴으로써 우리나라 화폐의 유통 질서를 더욱 문란하게 만들었다.

평양전

1892년(고종 29)에 평양에서 평양전(平壤錢)을 주조, 발행하였다. 1890년 정부는 평양에 전환국(典圜局) 주전 분소를 개설하고 평안도 관찰사 민병석에게 주전 사업을 하도록 하였다. 민병석은 주화의 질이 아주 나쁘고 조잡한, 당오전보다 형태가 작고 뒷면에 '평(平)'자를 찍은 배평자 당오전을 대량 주조하여 시중에 유통시킴으로써 엄청난 폭리를 취하였다. 나아가 1892년 1문전 상평통보를 주조하였는데 이것을 평양전 또는 신전(新錢)이라 부른다. 평양전은 아연, 주석, 철 등을 주재료로 하여 그 표면을 동색이 나도록 도금한 저질의 주화로 소재 가치는 종래의 1문전 상평통보의 3분의 1에 지나지 않았다. 품질이 좋은 당오전 1매를 용해하면 평양전 5매를 주조할 수 있었다고 하는데 평양전을 당오전과 거의 동일한 가치로 유통시켜 물가 불안을 촉진시켰다.

평양주전소의 주진 규모에 대해 정확한 기록은 없지만 1893년에 농약 83만 2,000근을 일본에서 수입하였다는 기록에서 그 발행 규모를 추정할 수 있다. 평양전의 주조는 국민의 비난에도 불구하고 지속되다가 청일전쟁으로 중단되었다.

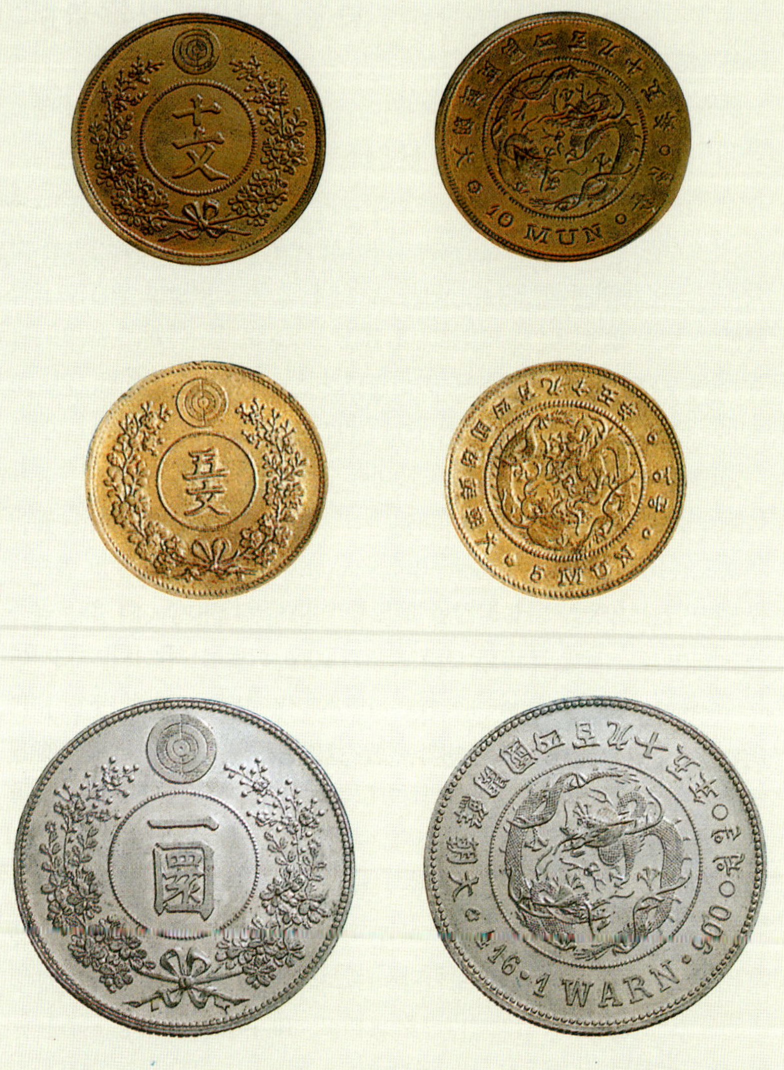

최초로 발행된 신식 화폐 1888년 '개국 497년'의 연호로 10문(위), 5문 적동화(가운데) 및 1환 은화(아래)를 발행하였다.

근대적인 화폐의 유통

최초로 발행된 신식 화폐

1883년 7월에 재정고문 묄렌도르프의 건의에 의해 국내 처음으로 상설 조폐 기관인 전환국이 '전환국 임시사무소'라는 이름으로 서울에 설립되었다. 그러나 제조 기계와 기술 인력 등이 제대로 갖추어지지 않아 근대적인 화폐를 제조하지 못하고 당오전의 주조만 담당하였다. 그뒤 1887년 독일로부터 조폐 기계를 수입하고 1888년 2월 선혜청 별청 자리에 전환국 건물을 새로 건축하여 '경성전환국'이라 이름하고 신식 화폐를 발행하였다.

최초로 발행된 신식 화폐는 1888년에 '개국 497년'의 연호로 발행된 1환 은화와 10문, 5문의 적동화였다. 이때 주조된 은화와 동화는 일본 화폐와 비슷한 점이 많았지만 화폐의 문양에 있어서 앞면의 상부에 일본 화폐의 국장 대신 우리의 태극장을 넣었고, 좌우의 국화와 오동나무 대신 오얏나무 가지를 교차시켰으며 뒷면의 중앙에는 쌍룡을 그려 넣은 것이 달랐다. 여기서 태극은 국가를, 오얏나무 가지는 이씨 왕실을, 그리고 쌍룡은 왕의 권위를 각각 상징하여 표시한 것이다. 그러나 신식 화폐의 주조는 이 3종류의 화폐를 약간 주조하는 시험 단계에서 중단되었으며 이때 주조된 신식 화폐는 거의 유통되지 못하였다. 그 이유는 첫째로 신식 화폐를 충분하게 만들 수 있을 정도의 은, 동의 보유량이 없었으며, 둘째로는 당시 농업 중심의 산업 구조 속에서 근대 화폐를 받아들일 경제적·사회적인 바탕이 마련되지 않았고, 셋째로는 화폐 발행에 따른 수입이 그다지 크지 못하였기 때문이다.

은본위제의 채택

1891년(고종 28)에는 우리나라 최초로 근대적 화폐 조례인 「신식 화폐 조례」가 제정되었다.

이 조례는 동전 중심의 전근대적인 화폐 제도를 은화 본위 제도로 전환하고자 한 것으로 인천전환국에서는 1892년에 본위 화폐인 5냥 은화, 1냥 은화와 보조 화폐인 2전 5푼의 백동화, 5푼의 적동화, 1푼의 황동화 등 5종의 화폐를 주조하였다.

1냥 은화는 모든 화폐의 표준으로서 국내 유통을 목적으로 주조되었으나 5냥 은화는 해관세 수납과 외국과의 교역용으로 주조되었다. 그러나 한국의 화폐 주조권이 일본으로 넘어갈 것을 우려한 청국과 국내 보수파의 반대로 「신식 화폐 조례」는 제도화되지 못하고 실패하였다. 물론 주조된 신식 화폐도 유통되지 못하고 말았다.

1894년(고종 31) 7월 갑오개혁 때 군국기무처 회의에서 「신식 화폐 발행 장정」이 의결되어 우리나라에서도 근대 은본위 화폐 제도가 시행되기에 이르렀다.

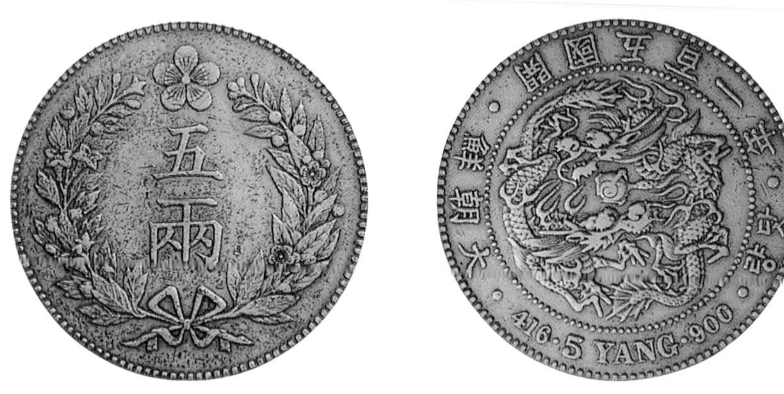

5냥 은화 은본위 제도로 전환하고자 「신식 화폐 조례」를 제정하여 1892년에 본위 화폐인 5냥 은화를 주조하였다. 이것은 해관세 수납이나 외국과의 교역에 주로 쓰였다.

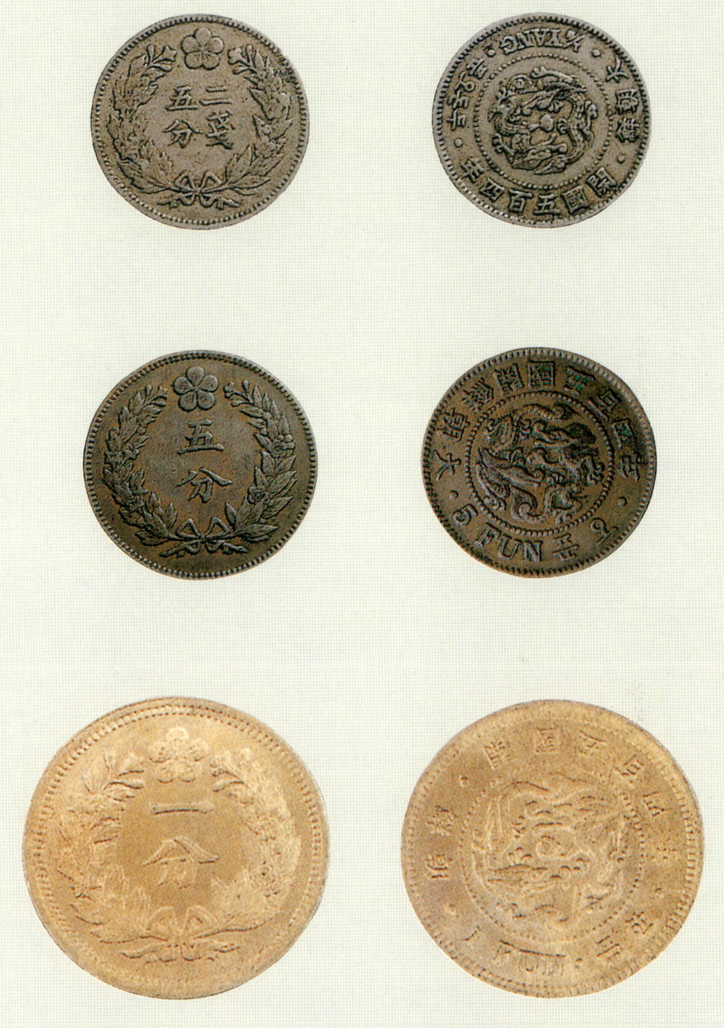

보조 화폐 2전 5푼(위), 5푼(가운데), 1푼(아래) 동화는 표준 화폐인 1냥 은화의 보조 화
폐로서 주조, 유통되었다.

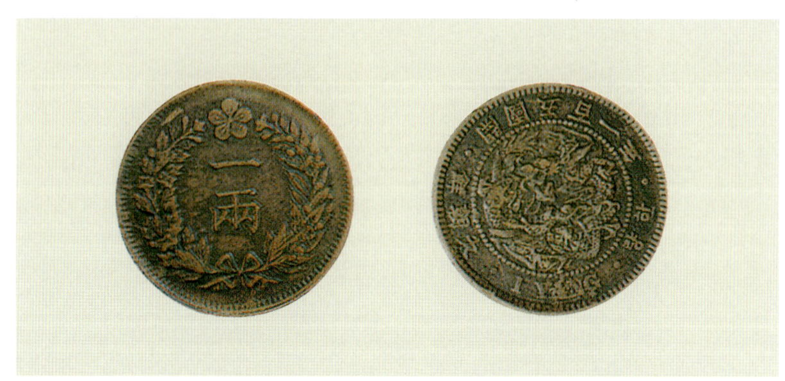

1냥 은화 1892년에 국내 유통을 목적으로 주조되었고 본위 화폐의 구실을 하였다.

　전문 7개조로 된 「신식 화폐 발행 장정」에서의 본위 화폐는 5냥 은화이고 보조 화폐로서 1냥 은화(엽전 100문), 2전 5푼 백동화(엽전 25문), 5푼 적동화(엽전 5문)와 1푼 황동화(엽전 1문) 등이 사용되었다. 이때 기본적인 화폐 단위는 냥이었고 1냥＝10전＝100문의 화폐 산식이 적용되었다.

　이 장정 제7조에는 신식 화폐가 다량 주조되기까지 국내 화폐와 동질·동량·동가의 외국 화폐를 병용하는 것을 허가한다는 규정이 있다. 따라서 여기에 해당하는 일본의 원 은화가 대량으로 유입되어 우리나라의 본위 화폐와 같은 역할을 할 수 있게 되었다. 이 장정은 우리나라 최초의 성문화된 화폐 법규이지만 일본의 은본위 제도를 모방한 것이었다. 이 장정이 공포 시행된 뒤 본위 은화는 극히 소량만이 주조되었는 데 반해 백동화는 주조 이익이 크다는 이유로 합법 또는 불법적으로 남발되어 이른바 백동화 인플레이션이 일어났다. 이후 1901년에 이르러 국내외 정세의 혼란과 함께 「신식 화폐 발행 장정」의 시행은 마침내 중지되었다.

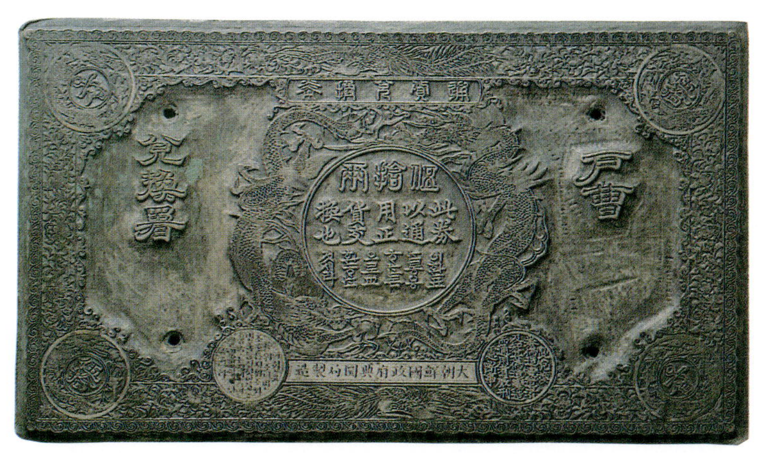

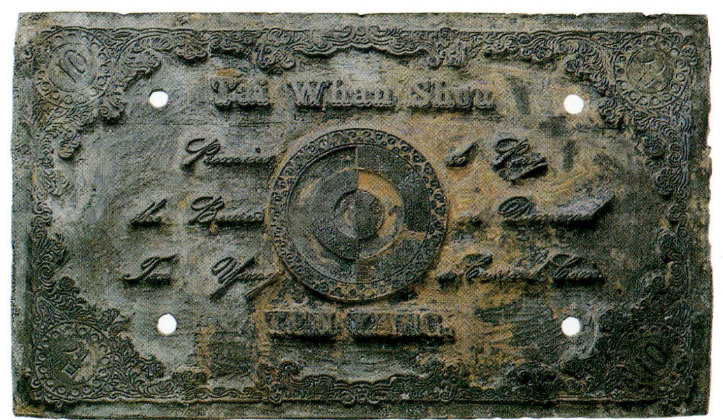

권틀 50냥을 주조할 수 있는 호조태환권을 찍어 낼 수 있는 틀이다.

백동화 인플레이션

1894년 은본위제가 도입되었으나 본위 화폐의 주조는 미미하고 보조 화폐인 2전 5푼의 백동화를 남발하였다. 2전 5푼의 백동화는 전환국에서 주조되었을 뿐만 아니라 민간인도 면허세를 납부하면 주조할 수 있도록 하였으며 황실의 수입을 위해 일부 특정인에게도 주조를 허용하였다. 또한 일본인들에 의한 불법 주조와 밀수입도 성행하였다.

이와 같이 남발된 백동화로 인해 1900년부터 1905년까지 극심한 인플레이션이 발생하여 국민 생활은 도탄에 빠지고 상거래는 마비 상태에 이르렀다.

1901년 7월 이전에는 쌀 한 되 가격이 1냥 내외이던 것이 1901년 말에는 7냥 수준으로 7배 가량 올랐으며 일본 지폐와의 교환 비율도 1899년에는 일본 화폐 100 대 한국 화폐 100 하던 것이 1903년 말에는 100 대 220으로 우리의 화폐 가치가 급락하였다. 이로써 시중에서는 백동화로는 거래가 되지 않았고 임금도 백동화로는 받지 않는 사례까지 발생하였다. 또한 주요 물건들이 그대로 창고에 보관되어 대불황, 휴업과 같은 상태가 지속되었다.

이러한 사태에 대해 1898년 6월 독립협회는 보조 화폐의 유통을 중단하도록 항의하였고 1902년 3월에는 각국 공사들이 결의하여 '백동화 주조의 중지'를 건의하기도 하였다. 결국 1902년 백동화의 주조를 일단 정지하였으나 일본으로부터 불법적인 밀수입이 지속되어 일본 정부가 백농화 위조를 금지하는 칙령까지 공포하였다.

금본위제의 채택

1901년(광무 5) 2월에는 친러정권의 주도하에 금본위제의 채택과 화폐의 자주 독립성을 강화하기 위한 「화폐 조례」를 제정, 공포하였다. 1902년에 일제는 일본 은행권의 국내 통용을 시도하였는데 이것은 「화폐 조례」의 공포에 대한 반발이었다.

일본 다이이치은행(제일은행)은 한국 정부의 사전 허가나 양해도 없이 일본 정부의 불법적인 특허만 얻어 주식회사 다이이치은행권 규칙을 제정한 뒤 1902년 5월부터 국내에서 은행권을 발행하기 시작하였다. 은행권의 발행 지역이 점점 확대되자 정부 당국과 상인을 비롯한 일반 대중의 다이이치은행권 통용 반대 운동이 전개되었으나 일제의 무력으로 좌절되고, 한국 정부의 화폐권과 자주 독립권에 대한 일제의 침탈 행위는 더욱 심화되기에 이르렀다.

1904년 2월에 일본은 러일전쟁을 일으킨 뒤 「한일의정서(韓日議政書)」를 체결하고 이 조약에 따라 일본인 메가타를 재정 고문으로 삼아 국가 재정은 물론 화폐와 금융에 관한 모든 업무를 관장하게 하였다. 정부는 「제1차 한일협약」을 계기로 성립된 일본 화폐의 국내 무한정 통용 규정을 1904년 정식으로 공인하고 다이이치은행이 발행하는 은행권을 법화로서 통용하게 하였다.

한편 메가타의 재정 개혁 건의에 의해 문란한 화폐의 유통 질서를 정리하기 시작하였다. 같은 해 7월부터는 경성, 평양, 인천, 진남포에 화폐 교환소를 설치하여 화폐 제도의 문란에 원인이 되었던 백동화를 1908년 11월까지 회수, 정리하도록 하였다. 엽전은 유통액이 워낙 많고 그 폐해가 백동화처럼 심각하지 않았기 때문에 상태가 양호한 엽전은 검정한 뒤 다시 사용하도록 하여 소액 거래에 편의를 제공하였다. 또 엽전은 국고의 출납을 통해 점진적으로 회수하였기 때문에 상당 기간 동안 준보조 화폐로서 계속 유통될 수 있었다.

또한 한국 정부는 메가타의 건의에 따라 조폐 기관인 전환국을 1904년 11월에 폐지하고 조폐 사무를 일본 '오사카 조폐국'에 위탁하였다. 그리고 1905년(광무 9) 1월에 「화폐 조례」를 공포하여 금본위제를 채택하였다.

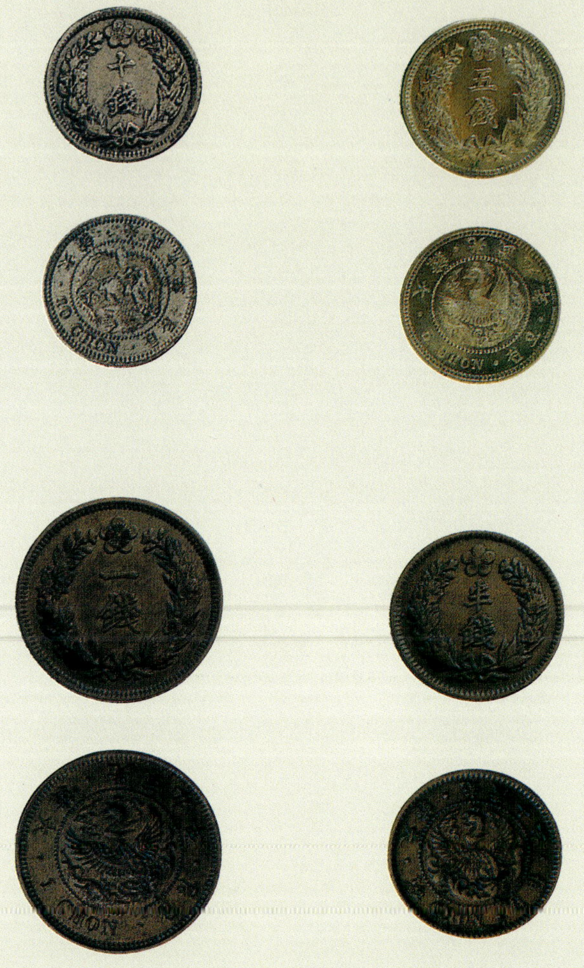

다이이치은행 주조 화폐 1905년(광무 9) 1월 「화폐 조례」를 공포, 최초로 근대 화폐 제도로서의 금본위제가 실시되었다. 발권은행은 일본의 다이이치은행으로 모두 9종이 주조되

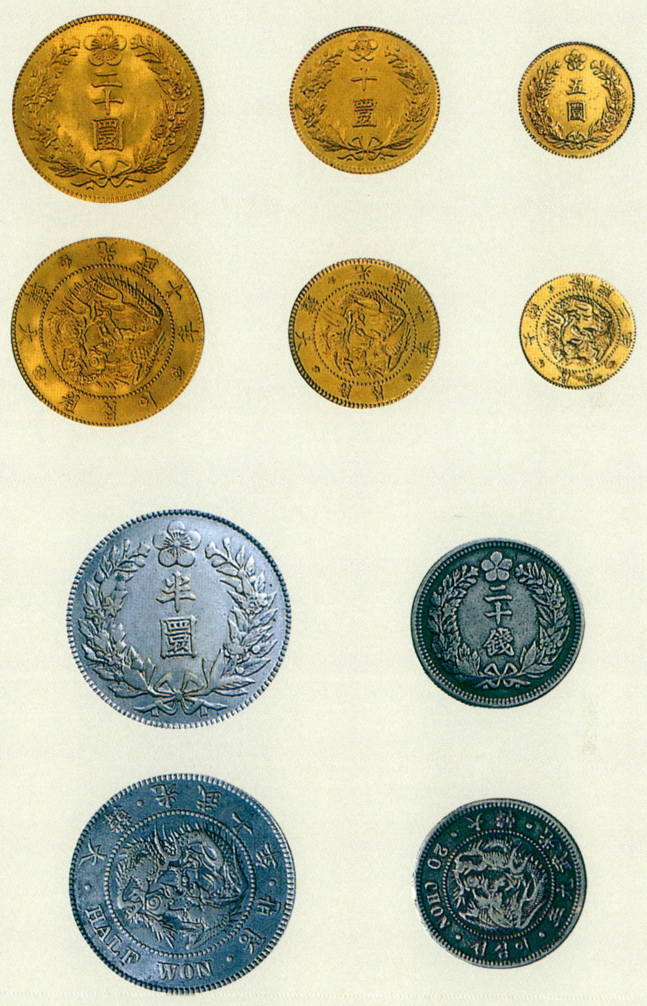

었다. 10전의 은화, 5전의 백동화, 1전과 반전의 청동화, 20환·10환·5환의 금화, 반환·20전의 은화가 있다. 위의 화폐는 1905년에서 1908년 사이에 주조된 것들이다.

이로써 역사상 최초로 근대 화폐 제도로서의 금본위제가 실시되었으나 일본은 자국과 동일한 화폐 제도를 한국 내에 시행시키기 위해 한국의 발권은행을 일본의 다이이치은행으로 지정하였다. 1905년부터 다이이치은행이 주조한 화폐는 모두 9종으로 10전의 은화, 5전의 백동화, 1전과 반전의 청동화, 20환·10환·5환의 금화, 반환·20전의 은화이다.

이와 같이 일본은 그들의 침략을 위한 발판을 만드는 방법의 하나로 우리의 재정과 화폐를 장악하고자 문란한 화폐 제도를 정리하고 금본위 제도를 수립하였다.

일제 강제 점령 시대

1909년 7월 한국 정부는 「한국은행 조례」를 공포하고 중앙은행 설립을 구체적으로 추진하여 10월, 최초의 중앙은행인 '구 한국은행'이 자본금 1,000만 원으로 업무를 개시하였다.

일본의 다이이치은행은 그때까지의 화폐 발행액과 함께 경성과 부산 두 지점을 제외한 모든 지점과 출장소를 한국은행에 이양하고 원래의 일반 은행으로 돌아가게 되었다. 그러나 한국은행권이 처음으로 발행된 것은 1910년 12월로 이때 먼저 1원권이 발행되고 이듬해 비로소 5원권과 10원권이 발행되었다. 이들 한국은행권의 양식은 다이이치은행권과 그리 큰 차이는 없었고 다만 명칭, 행장(行章), 근거(根據) 등에 약간의 변경이 있는 정도였다.

1910년 8월, 일본은 우리나라를 강점한 뒤 본격적인 경제 침투를 위해 금융 제도의 재편 작업에 착수하였다. 그 첫 단계로 1911년 2월에 「조선은행법」이 공포되고 같은 해 8월 1일 한국은행이 '조선은행'으로 개칭되었다.

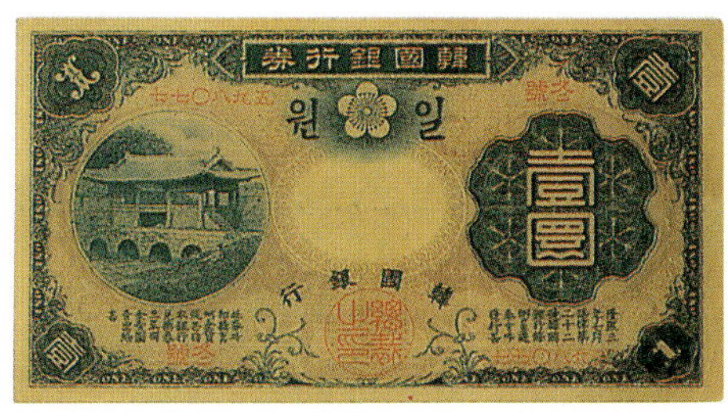

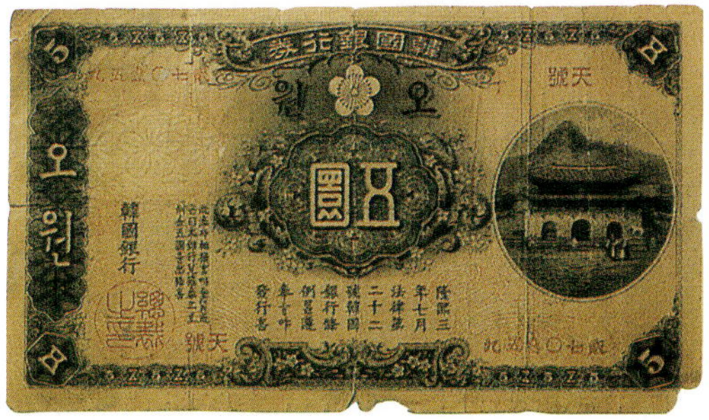

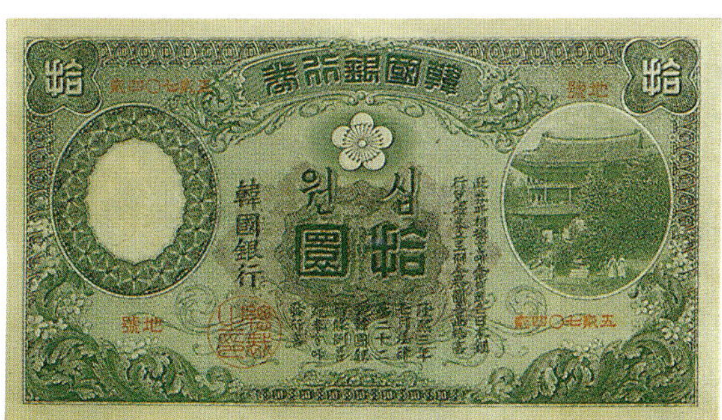

한국은행권 3종 1910년 12월에 1원권을 필두로 5원권, 10원권이 발행되었으나 다이이치 은행권의 양식과 큰 차이는 없었다.

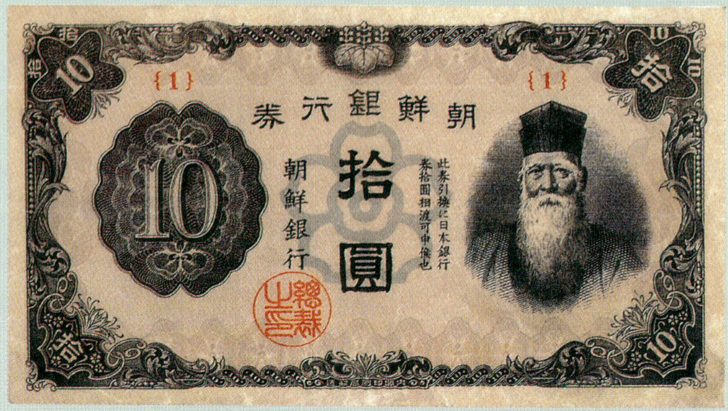

을 10원권

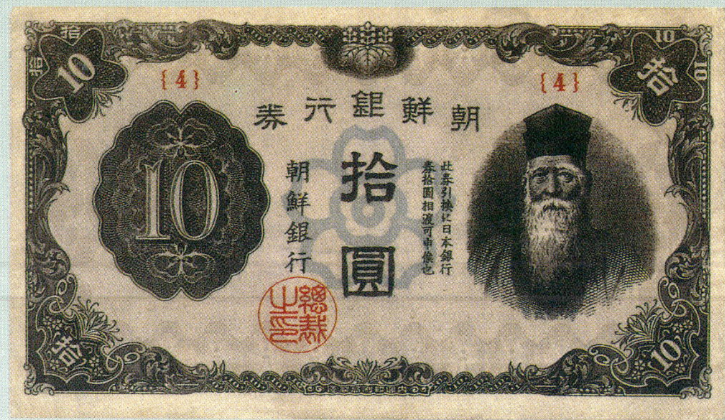

병 10원권

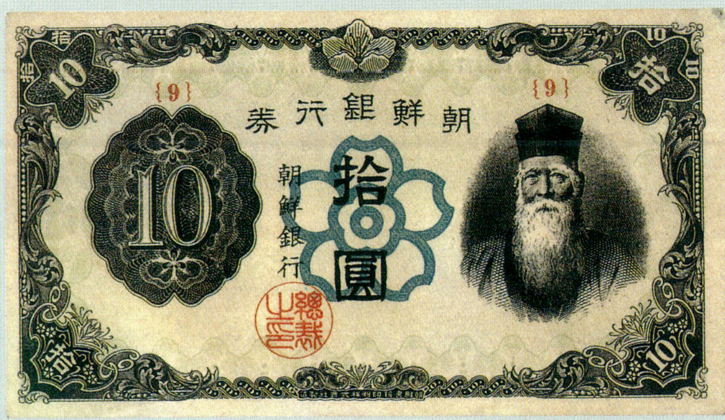

정 10원권

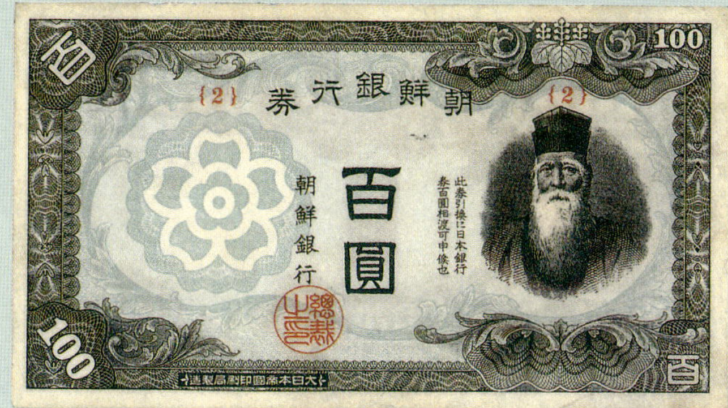

을 100원권

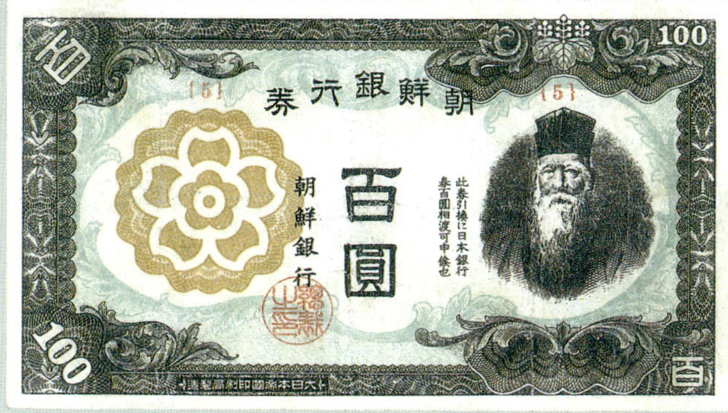

병 100원권

미 군정기의 은행권 1945년 9월에 을 100원권(맨 위)을 시작으로 을 10원권(옆면 위), 병 100원권(위)이 나왔고 이듬해에는 병 10원권(옆면 가운데), 정 10원권(옆면 아래)이 발행되었다.

「조선은행법」은 1918년 4월과 1924년 7월에 두 차례 개정되었다. 일본에 주권을 침탈당한 우리나라는 화폐의 주권도 상실하였다. 화폐 단위도 종래의 '환'에서 일본의 화폐 단위인 '원'으로 점차 바뀌었다. 1918년 4월 1일에는 일본의 화폐법이 조선에서 실시되어 「구 한국 화폐 처분령」에 따라 1920년부터는 엽전을 제외한 구 한국 화폐는 유통이 금지되었다.

일본은 만주사변 이후 금융 공황으로 금 수출을 금지하였고, 1931년 12월 17일에는 「은행권의 금 태환 정지에 관한 긴급 칙령」을 공포함으로써 은행권의 금 태환(兌換)을 정지하였다. 이에 따라 우리나라도 관리 통화 제도로 변하게 되었다.

광복 이후

미 군정기의 은행권

1945년 광복 뒤 남한에서는 미 군정이 실시되었으나 그해 11월 「미 군정법령」 제21호에 의해 「조선은행법」이 존속되어 조선은행권은 계속 유통되었다. 태평양 지구 미군 최고 사령관의 포고로 점령군 보조 군표(補助軍票) A인원(印圓)권이 법화(法貨)로 규정되고 대신 일본 군표가 무효화되었다.

그뒤 「미군정법령」 제57호와 제59호에 의해 일본 은행권과 대만 은행권이 회수되었다. 그리고 「미군정법령」 제95호로 점령군 보조 군표인 A인원권도 회수됨에 따라 조선은행권만이 법화로서 계속 유통될 수 있었다.

한편 통화 발행고는 광복 직후 미 군정의 거액 지출과 전후 경제 질서의 혼란 등으로 인해 급격하게 팽창되었다. 급격한 통화 팽창에 따라

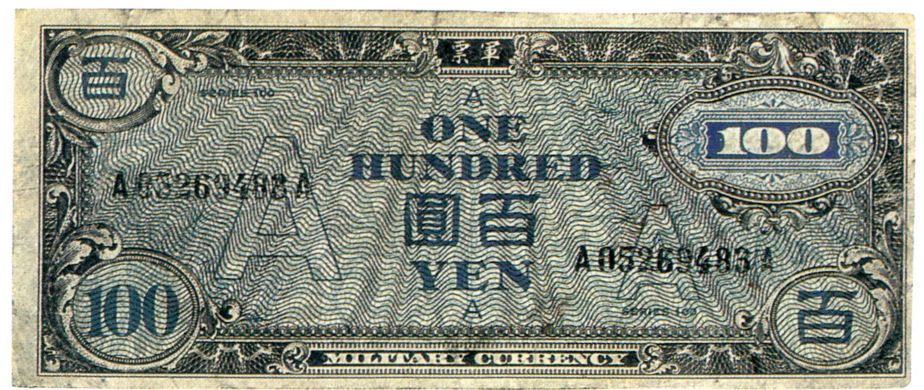

100환 A인원권 1945년 광복 뒤 남한에서는 미 군정이 실시되었는데 이때 조선은행권과 함께 점령군 보조 군표인 A인원권이 법화로 유통되었고 일본 군표는 무효화되었다.

조선은행권의 중심권의 종류도 저액권에서 고액권인 100원권으로 이행되었다.

은행권은 1945년 9월 이후부터 조선서적인쇄주식회사에서 인쇄, 발행되기 시작하였다. 같은 해 9월에 을 100원권이 발행되었고 이어 을 1원권과 갑 10원권, 을 5원권, 을 10원권, 병 10원권 그리고 병 100원권 등이 1946년 5월까지 8개월 동안에 속속 발행되었다. 1946년 이후에도 정 100원권과 정 10원권이 발행되었으며 뒤이어 이면의 색채가 변경된 무 100원권이 발행되었다.

대한민국 정부 수립 이후의 은행권

1948년 8월 정부 수립 이후부터 1950년 6·25 동란 직전까지 발행된 화폐는 대부분 군정 및 과도기에 발행된 조선은행권이었으나 일부 새로운 도안으로 소액 은행권이 추가로 발행되기도 하였다.

1948년 8월 정부 수립 직후에는 당시 유일한 법화인 조선은행권이

사실상 무제한으로 발행되었고 1942년 이후에는 은행권 발행에 있어서
'최고 발행액 제한 제도'가 운용되었다. 광복 뒤에도 바로 중앙은행법
이 제정되지 못하였기 때문에 법제면에서는 '최고 발행액 제한 제도'가
계속적으로 적용되었으나 정치·경제적 혼란으로 인해 사실상 유명무
실하였다.

그러다가 1949년 '최고 발행 한도'가 책정되었고 그해 9월에는 신 10
원권과 5원권이 발행되었다. 11월에는 50전·10전·5전 등의 소액 은
행권도 발행되어 화폐 제도의 정비를 꾀하다가 1950년 6월 12일 '한국
은행'이 발족하였다.

전쟁이 일어나자 전시 자금 수요에 따른 현금 부족을 방지하기 위해

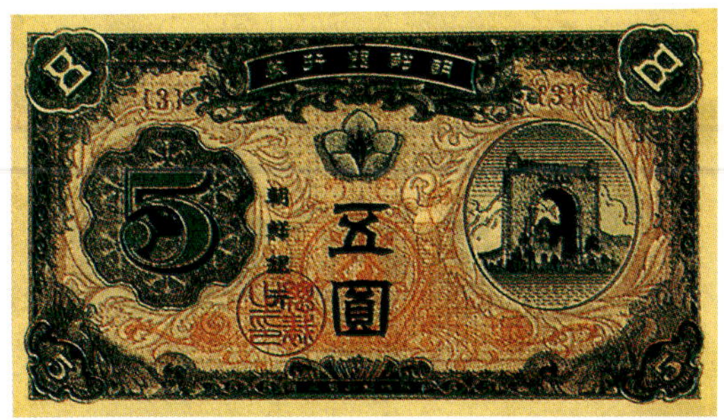

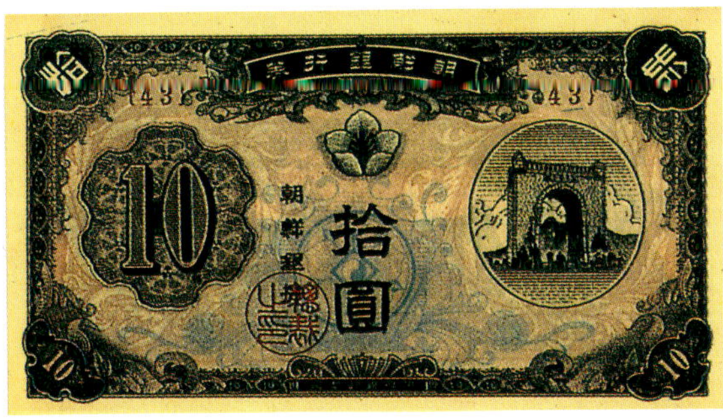

신 10원권과 5원권
정부 수립 이후인
1949년 9월에는 급
격한 통화 팽창에
따라 조선은행 중심
권의 종류가 고액권
으로 이행되었다.

한국은행은 급히 은행권을 새로 발행하여 이미 발행된 조선은행권과 함께 통용시켰다. 그리고 연합군 최고 사령부의 도움으로 10여 일 만에 일본 대장성인쇄국에서 최초의 한국은행권을 제조하여 1950년 7월 13일과 14일에 1,000원권과 100원권 154억 3,000만 원을 미 군용기편으로 일본에서 공수하였다.

　하지만 전쟁중이기 때문에 금융통화위원회의 결정을 받지 않고 한국은행 총재가 긴급조치권에 의거하여 같은 해 7월 22일에 공수된 화폐를 최초의 한국은행권으로 발행, 유통시켰다.

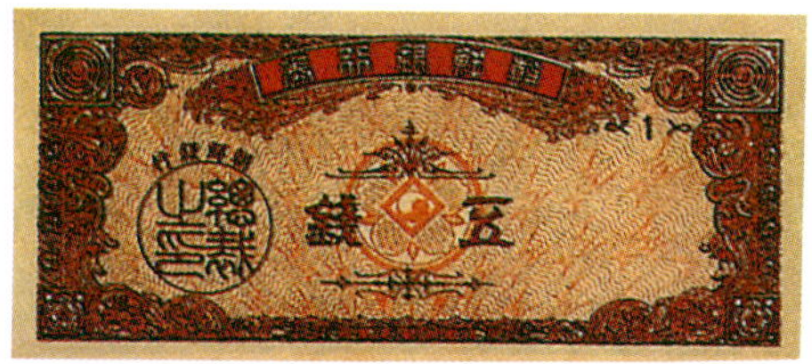

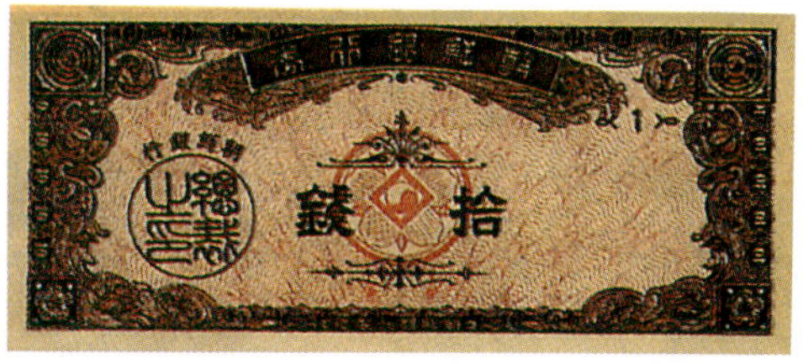

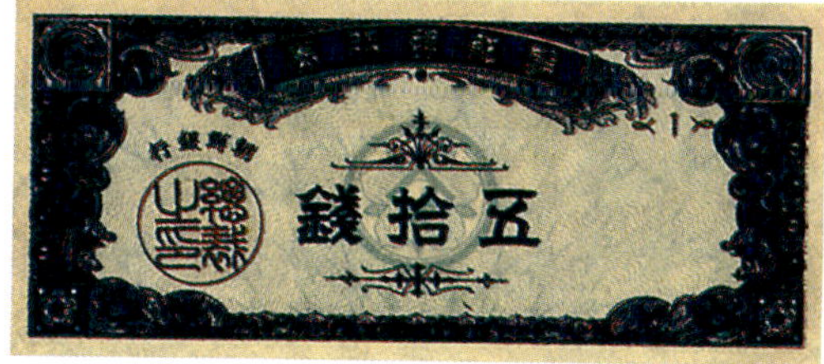

신 소액 은행권　1949년 11월에 50전, 10전, 5전권 등의 소액권을 발행하며 화폐 제도의 정비를 꾀하다가 1950년 '한국은행'이 발족되었다.

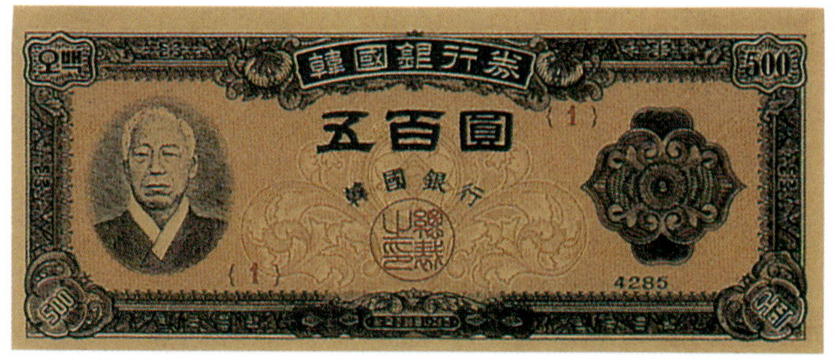

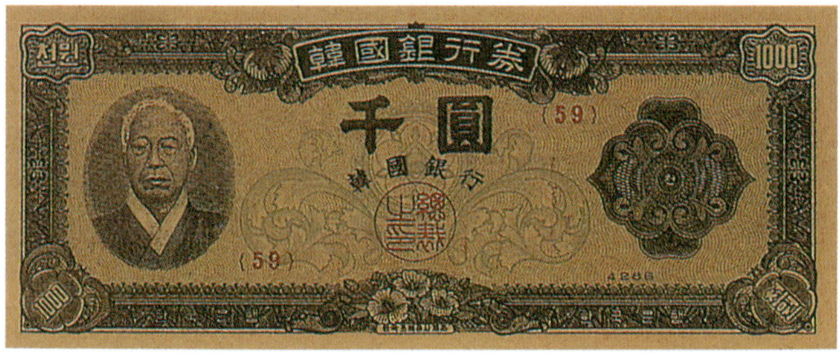

한국은행권 정부는 적성 통화의 유통을 막아 적군의 경제 교란 행위를 봉쇄하기 위해 '제 1차 통화조치'를 취하였다. 위는 500원권과 1,000원권이다.

그뒤 1951년부터는 '한국조폐공사'의 부산 공장이 완공되어 1,000원 권과 100원권을 한국 조폐공사에서 제조하였다.

한국은행은 갑작스러운 6·25 동란으로 은행에 남아 있던 조선은행 권을 미저 폐기하지 못하였다. 따라서 정부는 적성 통화의 유통을 막아 적군의 경제 교란 행위를 봉쇄하기 위해 1950년 8월 28일「대통령 긴 급명령」제10호로 '조선은행권의 유통 및 교환에 관한 건'을 공포하여 '제1차 통화조치'를 취하였다.

이 명령에 의해 1953년 1월 16일까지 5차에 걸쳐 조선은행권을 한국 은행권으로 교환하였고 1950년 11월 제3차 고시 이후부터 조선은행권

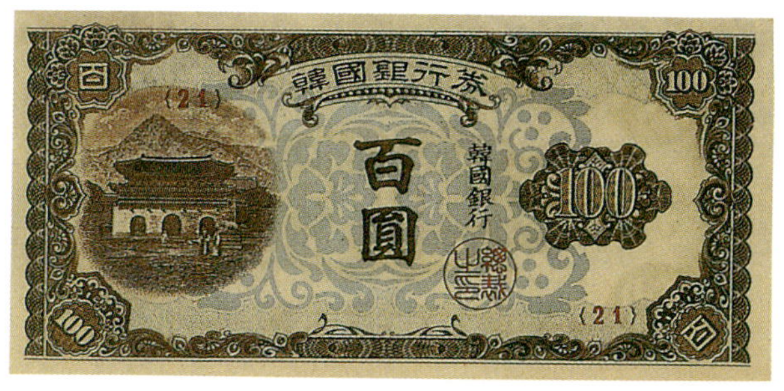

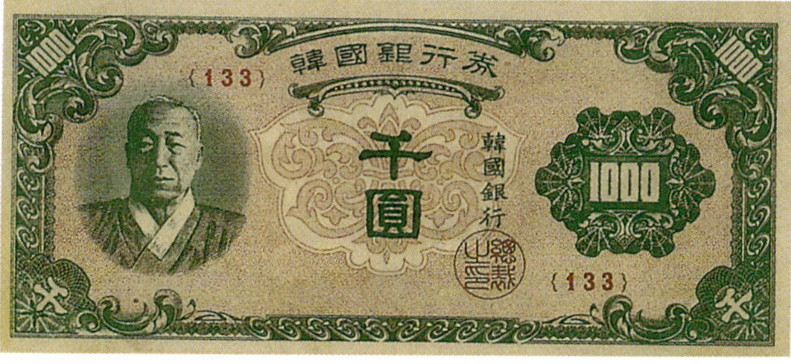

신 한국은행권 한국조폐공사는 1951년 10월 신 100원권과 신 1,000원권을 인쇄함으로써 조폐 기관으로서의 면모를 갖추게 되었다.

의 유통을 금지시켰다.

휴전협정 체결 직전인 1953년 2월에는 과잉 구매력의 제거와 재정, 금융 및 산업 활동을 안정시키기 위해 「대통령 긴급명령」 제13호에 의해 '제2차 통화조치'를 취하였다. 당시 우리 경제는 6·25 동란으로 인한 막대한 전비 지출로 생산 활동이 위축되고 통화의 대외 가치가 폭락하였으며 만성적인 인플레이션으로 경제적 어려움이 극심하였다. 따라서 모든 원화의 유통을 금지시키고 모든 거래와 원화 표시의 금전 채무는 100 대 1의 비율로 절하시켜 그 단위를 새로운 '환'으로 개칭하게 되었다.

또 '제2차 긴급 통화조치'로 화폐 단위가 '원'에서 '환'으로 바뀌었
고 새로 발행된 신 한국은행권 1환, 5환, 10환, 100환과 1,000환 등 5
종의 화폐가 통용되었다.

1953년 3월부터 1958년 8월까지 통화 개혁을 단행할 때에 미국에서
제조, 반입된 은행권을 국내 제조권으로 바꾸기 위해 신 10환권·신
100환권·신 1,000환권 등을 발행하였다.

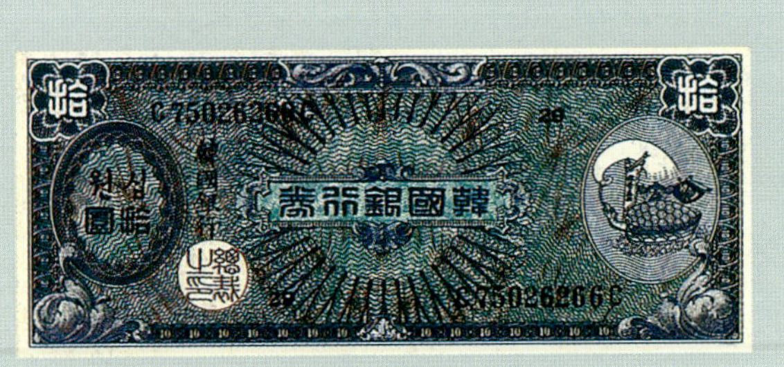

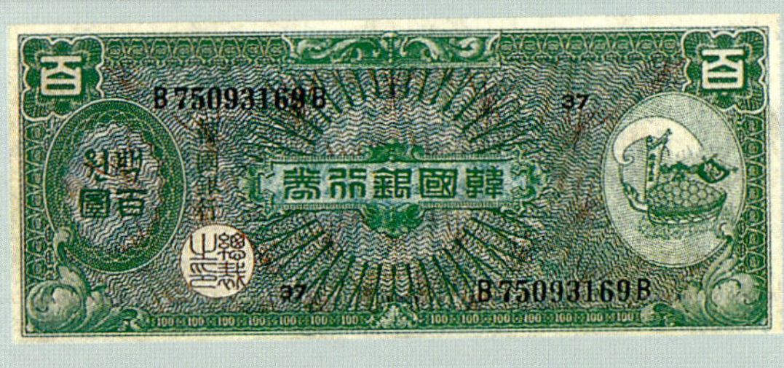

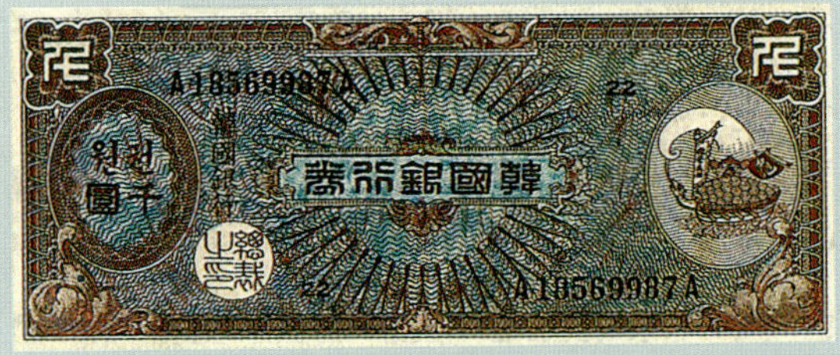

미 연방 인쇄국 제조 은행권 전란으로 인한 인플레이션을 수습하고 통화 안정을 위해 '제2차 통화조치' 때 미국에서 제조하여 반입된 은행권이다.

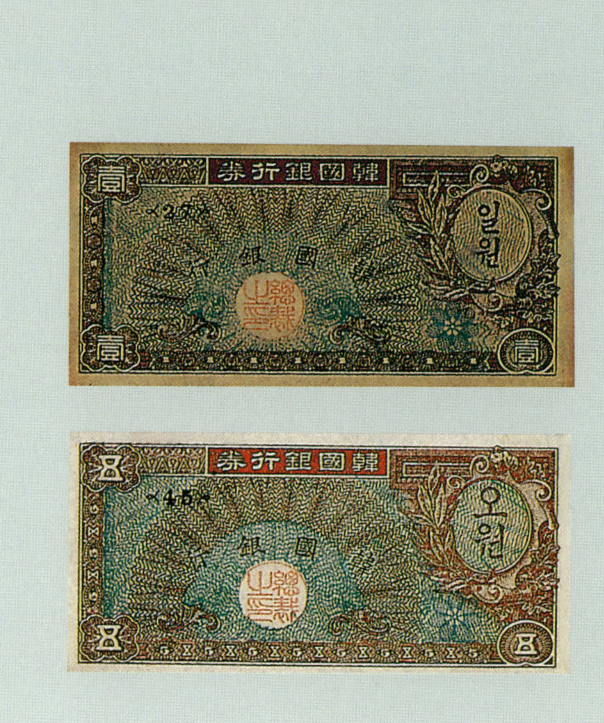

1환권과 5환권 1953년 2월 '원'에서 '환'으로 개칭한 다음 10환, 100환, 1,000환권을 발행하였다. 이때 위조를 방지하기 위해 형광 물질을 넣어 자외선을 비추면 색이 바뀌도록 특수 제조되었다.

　또한 중간 단위의 거래에 편리하도록 1956년 3월에 500환권이, 1958년 8월에는 50환권이 발행되었다. 1962년 5월에는 '제1차 경제개발 계획'의 추진에 따라 저축심을 고취시키기 위해 저축 통장을 들고 있는 모자상을 도안의 소재로 한 100환권이 발행되었다. 그뒤 주화 발행의 독점권을 가지고 있던 한국은행에서는 정부의 승인을 얻어 1959년에 100환 니켈화, 50환 백동화, 10환 청동화 등 3개의 주화를 발행, 통용시켰다.

　1961년 5·16 쿠데타 이후 1962년 6월 10일에는 '제3차 통화조치'를 단행하였다. 이 조치는 구 정권의 부패에 편승하거나 부정 축재로 축적되었던 자금을 산업 자금화하고 '경제개발 5개년 계획'의 투자 재원을 동원하기 위한 것이었으며 통화 증발에 따라 예상되던 악성 인플레이

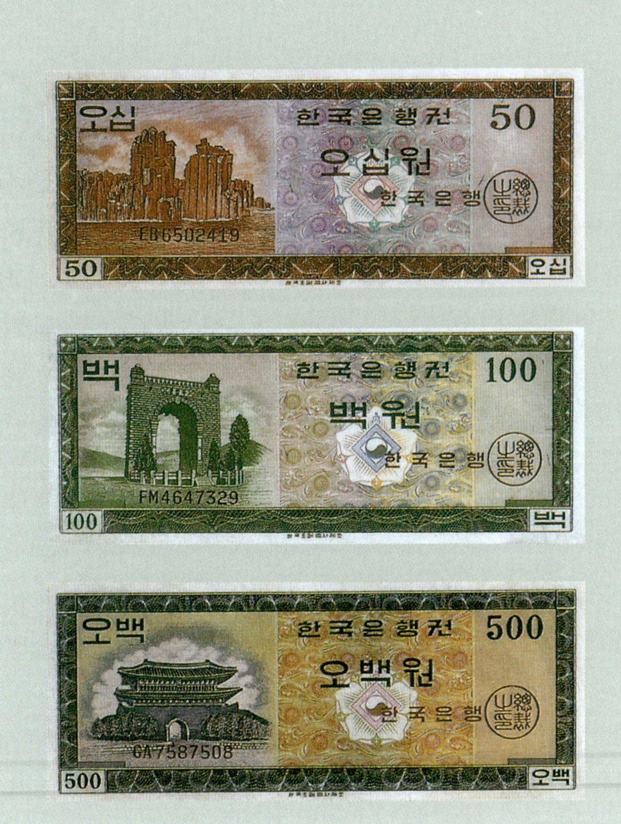

1962년의 고액권 구 환화의 유통을 금지시키고 화폐 단위를 '원'으로 변경하는 것을 골자로 한 '제3차 통화조치'가 있었다.

선을 방지하기 위한 조치였다.

'제2차 통화조치'와 함께 통화 개혁의 성격을 가지는 이 조치는 구 환화의 유통과 거래를 금지시켰고, 화폐 가치의 10분의 1 절하와 함께 6월 17일까지 모든 구권과 지급 지시를 금융 기관에 예입하게 하고 화폐 단위를 '원'으로 변경하도록 하였다.

새 원화는 1원·5원·10원·50원·100원·500원권의 6종으로 모두 영국에서 제조된 것이었는데 500원권은 남대문, 100원권은 독립문, 50원권은 해금강 총석정, 10원권 이하는 한국은행 휘장을 사용하였다. 그뒤 1962년 9월에는 한국조폐공사에서 제조된 신 10원권이, 12월에는

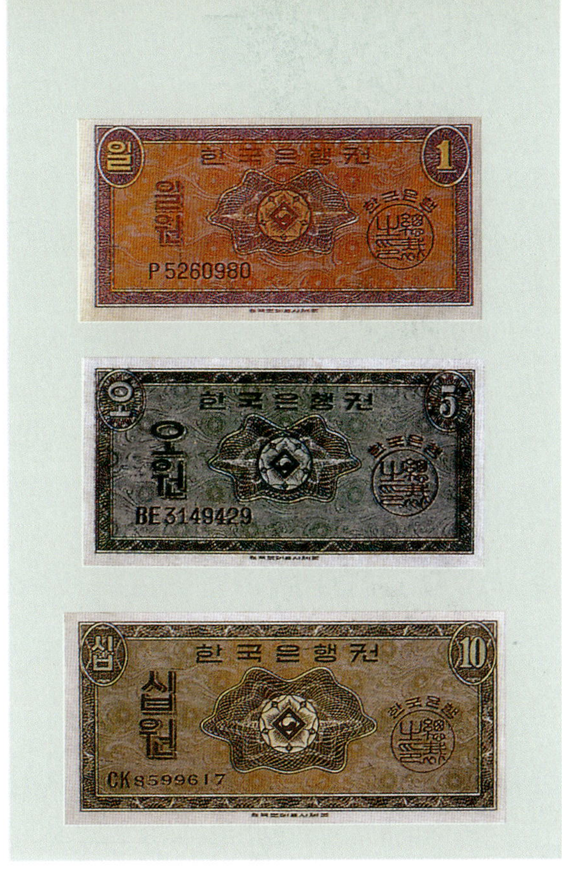

1962년의 소액권 '제3차 통화조치'의 결과로 발행된 소액원에는 1원권, 5원권, 10원권 3종이 있다.

신 100원권이 발행되었다. 또한 소액 거래의 편리를 위해 신규로 10전권과 50전권을 발행하였으나 거의 사용되지 않았다.

종래 국내에서 제조된 은행권은 평판 인쇄를 하였기 때문에 질이 떨어지고 제조 방법이 쉬워 위조가 용이하였다. 따라서 한국조폐공사에서는 요판 인쇄 시설을 설치하여 1965년 8월에 세종대왕 초상이 들어간 신 100원권을 요판 인쇄 발행하였으며, 1966년 8월에는 역시 요판 인쇄로 신 500원권을 발행하였다.

또한 통용되고 있던 구 50환화와 구 10환화를 대체할 목적으로 1원화, 5원화와 10원화 등의 원화 표시 주화를 순수한 국내 기술로는 최

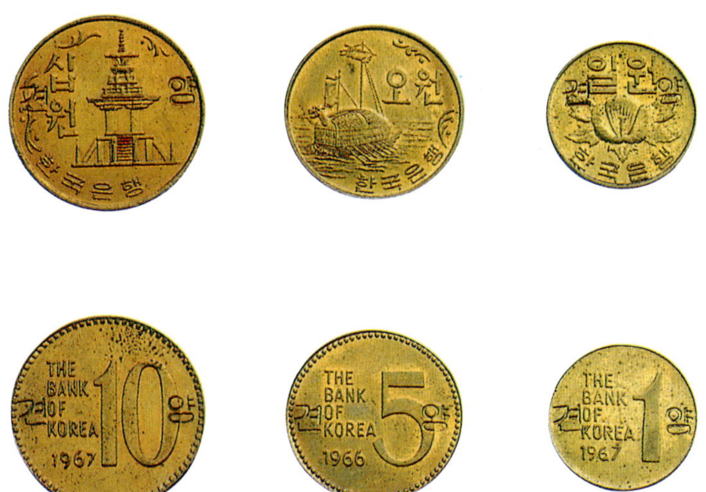

국내 기술로 만든 최초의 주화 1966년에는 구 환화에 대체할 목적으로 원화 표시 주화가 순수한 국내 기술에 의해 주조되었다.

초로 주조하였다. 1968년에는 주화 소재 금속의 가격 상승에 대처하여 알루미늄을 소재로 한 신 1원화를 발행하였다.

이어 1970년대에는 화폐 수요의 증가와 거래량의 폭주에 대처하고자 5,000원권과 1만원권 지폐를 발행하였다. 1972년 7월부터 요판 인쇄 방식으로 5,000원권을 발행하였는데, 율곡 이이를 은화(隱畵)로 삽입하고 위조를 방지하기 위해 금속선을 삽입하였으며 자외선 감지 요소를 인쇄하였다. 이 5,000원권은 우리나라 최초의 은화 삽입 은행권이었다.

1972년 6월부터 1만원권을 발행하기로 하였으나 당시 공고된 1만원권의 도안이 석굴암과 불국사를 소재로 하여 특정 종교를 나타낸다는 비판에 따라 발행이 유보되어 일년 뒤인 1973년 6월부터 세종대왕 초상과 경복궁 근정전으로 도안을 바꾸어 발행하였다. 그러나 이미 석굴암 불상을 은화로 삽입한 용지가 제조되었기 때문에 은화는 석굴암 불상이 들어가게 되었다.

한편 소득 증대와 거래 단위 금액의 증대에 따라 중간권종 화폐 발행의 필요성이 높아져 1975년 8월 14일 1,000원권이 발행되었다. 이때 발행된 1,000원권은 한국조폐공사가 독자적으로 개발한 반정 위치 무궁화 은화가 들어간 조폐지가 처음으로 사용되었으며 조각 동판도 자체 제작하는 등 은행권의 완전 자립 생산의 기반을 마련한 것이었다.

1,000원권은 앞면에 퇴계 이황 초상과 무궁화, 뒷면에는 도산서원을 넣었으며 전면 좌측에 무궁화를 은화로 삽입하였다. 1,000원권의 발행에 따라 화폐의 주권종은 500원권에서 1,000원권으로 이행되었다.

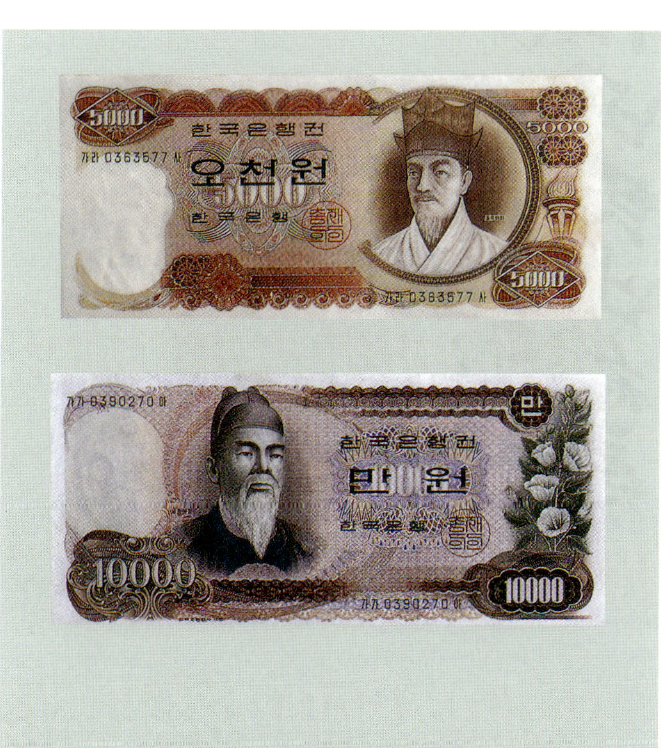

최초의 은화 삽입 은행권 5,000원권에는 율곡 이이, 1만원권에는 세종대왕을 은화로 삽입하고 위조를 방지하기 위해 금속선을 삽입하였으며 자외선 감지 요소를 인쇄하였다.

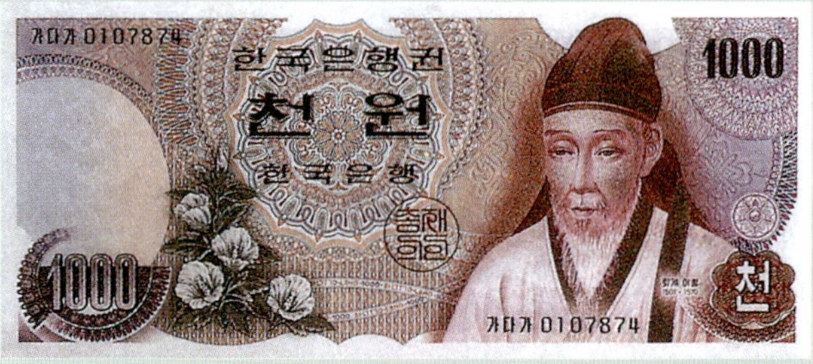

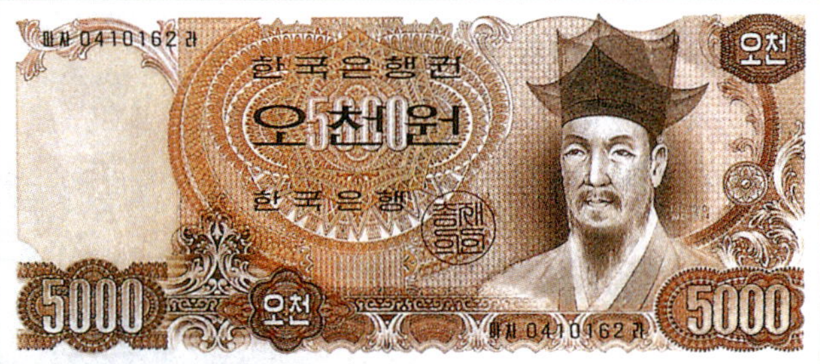

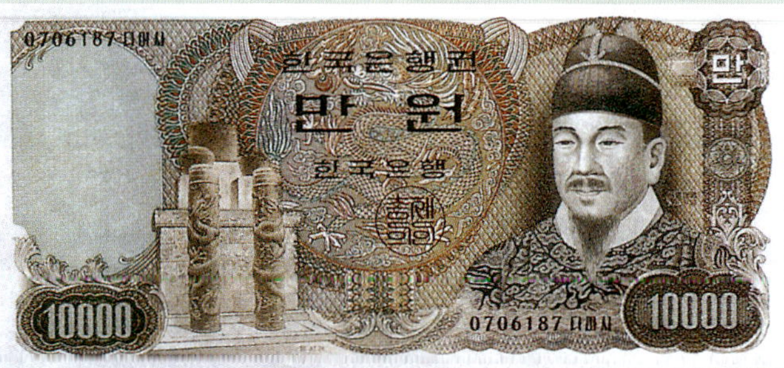

표준 영정 고액권 용지의 국산화와 표준 영정 채택을 위해 신 5,000원권과 신 1만원권을
발행하였다. 은행권의 지질도 1979년부터는 내구성과 인쇄 적성이 개선된 면섬유를 사용
한 새로운 용지로 대체하였다.

조폐 기술의 발달에 힘입어 고액권 용지의 국산화와 표준 영정의 채택을 위해 1977년 6월 신 5,000원권을 발행하였고 1979년 6월에는 신 1만원권을 발행하였다. 신 5,000원권의 은화에는 율곡 이이의 초상을 사용하였으며 신 1만원권의 은화에는 세종대왕 초상을 사용하였는데 둘 다 요판 인쇄로 발행하였다. 또한 1979년부터는 은행권의 지질면에서도 내구성과 인쇄의 적성이 개선된 면섬유(綿纖維)를 사용한 새로운 용지가 개발되어 대체, 사용하였다.

고액 발행권의 발행, 유통은 화폐 유통의 체계에도 변화를 가져왔다. 1970년에 100원권 주화가 발행되면서 지폐 발행 비중이 급격히 감소하여 1973년부터는 100원권 이하의 지폐 발행이 중단되었다. 1975년 3월부터는 주화의 운용에 관한 임시조치법 폐지에 관한 법률에 의거하여 그동안 잠정적으로 유통을 허용하였던 '환' 표시 주화인 50환, 10환권의 유통을 금지하였다.

한편 1975년 8월 15일을 기해 한국은행은 광복 30주년 기념 주화인 100원권 백동화를 발행하였다. 이 주화는 국내 기술진이 만든 최초의 기념 주화였다. 이어 1978년 9월에는 제42회 세계 사격 선수권 대회 기념 주화로 5,000원권과 500원권을 발행하였다.

1980년대 들어와 신용 카드가 사용되고 지불 자동 이체 제도의 발전 및 어음과 수표 사용의 확대에 따라 현금 화폐에 대한 수요는 상대적으로 줄어들었다. 1980년대 전반기의 화폐 발행량 증가는 1982년을 제외하고는 해마다 감소하는 추세를 보였다. 현금 화폐 가운데 은행권의 구성을 권종별로 살펴보면 1만원권의 비중이 현저히 증대한 반면에 1,000원권의 비중은 매우 작아졌다. 그 이유는 경제 규모와 거래 단위가 커졌기 때문인데 이 시기에 10만원권 수표의 유통이 크게 증가한 것도 같은 이유이다. 5,000원권은 1970년대에 비해 그 비중이 커졌으나 1982년을 전환점으로 점차 작아지기 시작하였다.

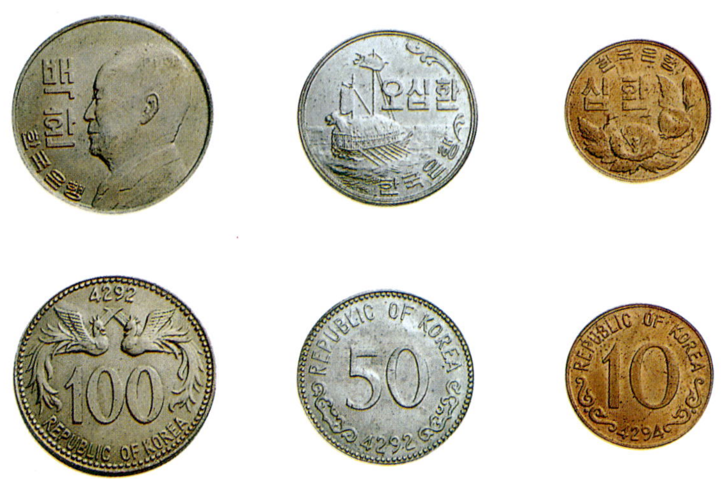

한국은행 최초의 주화 1959년 10월 미국 필라델피아 조폐국에서 제조한 100환 니켈화, 50환 백동화, 10환 청동화이다. 이승만 대통령 초상과 거북선, 무궁화 등을 도안하였다.

1981년부터 주화 발행의 비중이 조금씩 높아져 1982년 500원 주화의 발행 이후 주화 유통이 더욱 증가하였다. 1980년대 후반에도 현금 화폐를 대신한 대리 화폐의 유통이 늘어나 신용 카드와 가계 수표 등 수표 이용이 급증하고 지불 자동 이체 제도가 확대되었다. 따라서 현금 화폐의 유통량은 상대적으로 감소하였다. 1980년대 후반 들어 화폐 발행액 가운데 은행권 발행 비중은 다소 저하되긴 하였으나 94퍼센트 이상의 비중을 유지하고 있다.

주화의 발행과 유통

한국은행 최초의 주화 발행은 1959년 10월에 이루어졌다. 이때 발행된 주화는 미국 필라델피아 조폐국에서 제조된 100환 니켈화, 50환 백

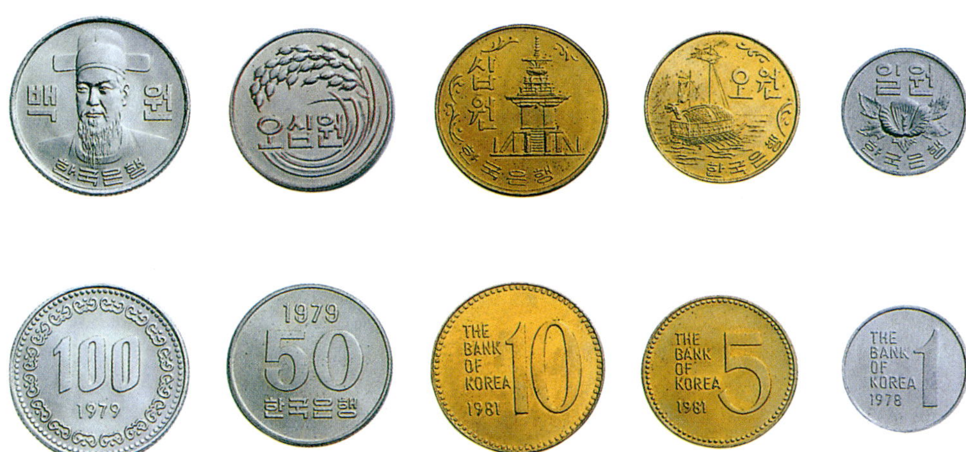

한국은행 최초의 국내 제조 주화 1966년 8월, 환에서 원으로 단위가 바뀌었으며 순수한 국내 기술에 의해 동과 아연으로 1원화와 5원화, 10원화가 주조, 발행되었다.

동화, 10환 청동화의 3종류로 이승만 대통령의 초상, 거북선, 무궁화 등이 도안되었다.

1966년 8월에는 1원화와 5원화, 10원화가 순수한 국내 기술로 주조, 발행되었는데 주요 재료는 동과 아연이었다. 이 주화들은 한국은행이 최초로 발행한 국내 제조 주화였다. 황동을 원료로 사용하였고 5원화와 1원화는 50환화의 거북선과 10환화의 무궁화 도안을 그대로 사용하였고 10원화에는 다보탑을 넣었다.

1970년 7월 한국은행은 금속 가격의 상승 때문에 농과 아연의 비율을 변경하여 신 10원화와 신 5원화를 발행하였으며 11월에는 100원화, 1972년에는 50원화를 발행하였다. 100원화는 1962년 통화조치 때 폐기하여 보유하고 있던 100환화를 소재로 활용하여 발행하였다.

　100원화는 동 75퍼센트, 니켈 25퍼센트의 백동을 재료로 품위 향상과 위조 방지를 위해 앞면 도안의 주 소재를 이순신 장군의 초상으로 하였고 뒷면은 아라비아 숫자 100을 사용하였다. 또 동전의 가장자리에 110선의 밀(mill, 톱니 모양)을 넣어 제조하였으며 주화의 지름은 24밀리미터, 무게는 5.42그램, 두께는 1.75밀리미터였다.

　50원화는 동 70퍼센트, 니켈 12퍼센트, 아연 18퍼센트의 합금인 양백(洋白)을 재료로 하였다. 앞면 도안의 주소재는 벼이삭, 뒷면은 액면을 나타내는 숫자가 들어 있다. 또 앞뒤로 109선의 톱니 모양으로 주화 둘레를 꾸며 100원화와 구별하였다.

　1973년부터는 100원권 이하의 지폐 제조를 중단하고 주화로 대체하였고 1982년 6월 12일 500원화를 발행하였다. 500원화의 규격은 지름이 26.5밀리미터로 100원화보다 2.5밀리미터 크게 하고 도안은 하늘 높이 비상하는 학을 주소재로 하여 도안의 세련화를 기하였다.

　주화 발행도 주화의 사용이 늘어남에 따라 해마다 증가하여 1986년 이후 연평균 20.5퍼센트의 발행 증가율을 보이고 있으며 1980년대 후반기에는 500원화 대신 100원화의 발행이 주축을 이루고 있다.

기념 주화의 발행

　기념 주화는 국가적인 행사나 역사적 사실을 기념하고 행사에 필요한 자금을 조성하기 위한 목적으로 발행되었다.

　1975년 8월 15일, 국내 기술로는 최초로 광복 30주년 기념 주화를 만들었는데 100원 백동화 500만 개, 5억 원을 한국조폐공사에서 직접 제작하였다. 이 가운데 2,000개는 주화 수집을 위한 프루프화로 제조되었다. 주화 재료는 백동으로 하였으나 지름과 두께는 100원화보다 다소 크게 하였으며 앞면은 독립문과 무궁화, 뒷면은 태극기를 든 여인상을 도안의 소재로 하여 조국 광복을 상징하였다.

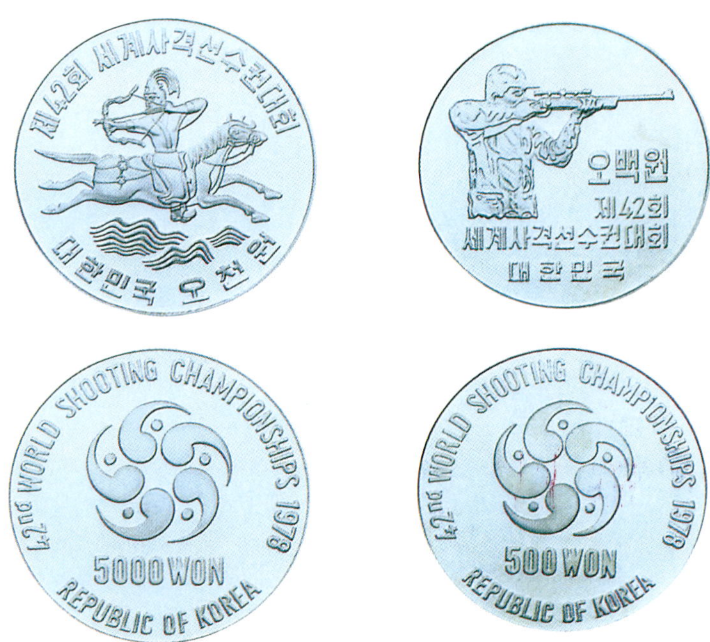

제42회 세계 사격 선수권 대회 기념 주화 1978년 9월 서울에서 개최되었던 대회의 기념 주화로 5,000원화 10만 개, 500원화 99만 7,000개를 발행하였다.

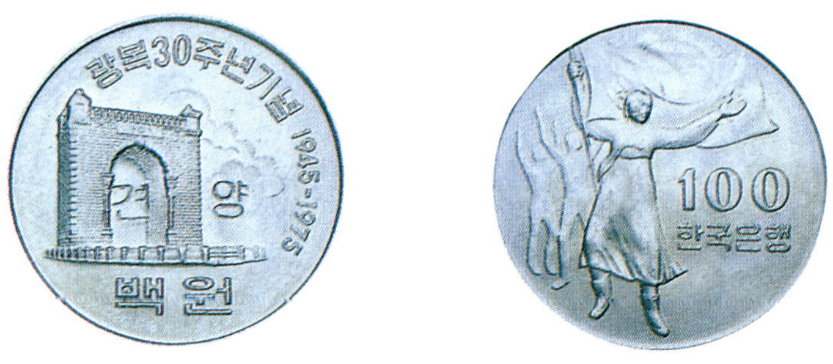

광복 30주년 기념 주화 1975년 8월 15일, 국내 기술로는 처음으로 발행한 기념 주화이다. 100원 백동화 500만 개를 한국조폐공사에서 직접 제작하였고 2,000개는 프루프화로 제조되었다.

1978년 9월에 서울에서 개최된 세계 사격 선수권 대회를 기념하기 위해 제42회 세계 사격 선수권 대회 기념 주화를 발행하였다. 발행한 주화의 종류는 5,000원화 10만 개, 500원화 99만 7,000개이나 이 가운데 절반 이상은 세계 사격 선수권 대회 조직위원회에 인도하였다. 5,000원화의 앞면에는 고구려 무용총의 수렵도를, 뒷면에는 세계 사격 선수권 대회 심벌 마크를 그렸고 500원화의 앞면에는 사수를, 뒷면은 5,000원화와 동일하게 하였다.

1980년대에는 다섯 종류의 기념 주화가 발행되었다. 1981년의 제5공화국 기념 주화, 1982~1983년의 올림픽 유치 기념 주화, 1984년의 천주교 전래 200주년 기념 주화, 1985~1986년의 86아시안게임 기념 주화, 1986~1988년의 서울 올림픽 기념 주화 등이 그것이다. 특히 88서울 올림픽 기념 주화는 5만원화가 발행되기도 하였다.

또 1993년에는 대전 세계 박람회 기념 주화를 발행하였다. 5만 원과 2만 5,000원 금화, 1만 원과 5,000원 은화, 1,000원 적동화 등 총 98만 개를 제조, 발행하였다.

북한의 화폐

해방 이후 북한에서는 우리나라와 다른 별도의 화폐를 발행, 유통하였다. 북한에서도 화폐를 사용해 물건을 구입하지만 주요 품목에서는 배급제를 실시하기 때문에 화폐의 유통이 우리처럼 활성화되어 있지 못한 실정이다.

화폐 제도의 변화

광복 직후 북한에서는 소련군 사령부에 의해 '붉은군대 사령부'라고 표시되어 발행된 1원, 5원, 10원, 100원 등 네 종류의 군표가 유통되었고 1947년 12월 「북조선 인민위원회 법령」 제30호에 따라 '제1차 화폐 개혁'을 실시하였다. 화폐 개혁을 실시하게 된 이유는, 첫째 사회주의 경제 체제의 토대를 구축하기 위해 별도의 화폐 제도를 확립할 필요가 있었고, 둘째 남한으로부터의 화폐 유입을 방지하기 위한 것이었다.

그 내용을 보면 당시까지 통용되어 오던 조선은행권 10전, 20전, 50전권을 제외한 모든 화폐의 유통을 정지시키고 1947년 12월 6일부터

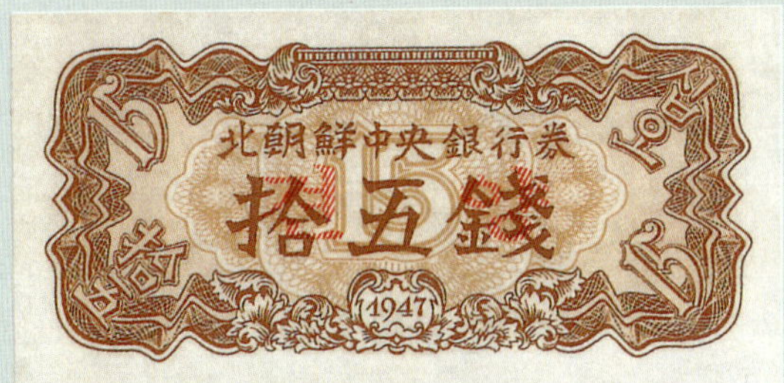

제1차 화폐 개혁의 15전권

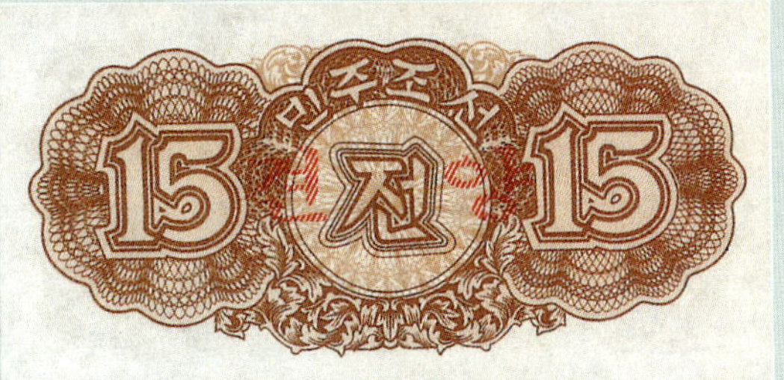

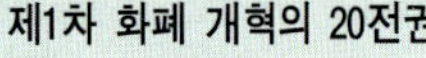

제1차 화폐 개혁의 20전권

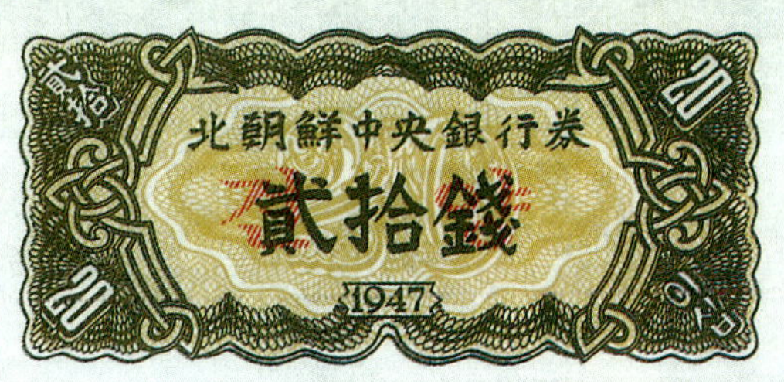

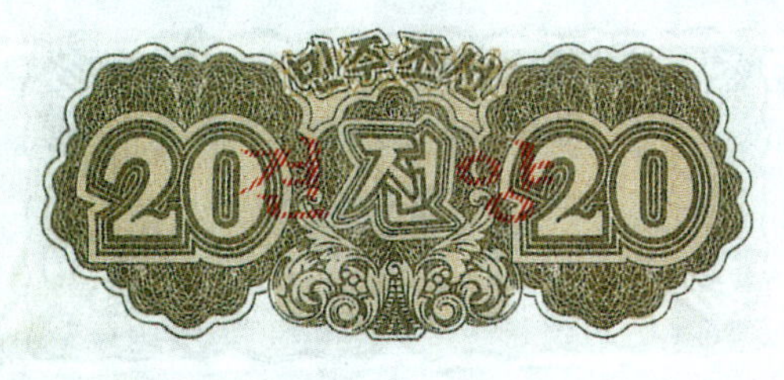

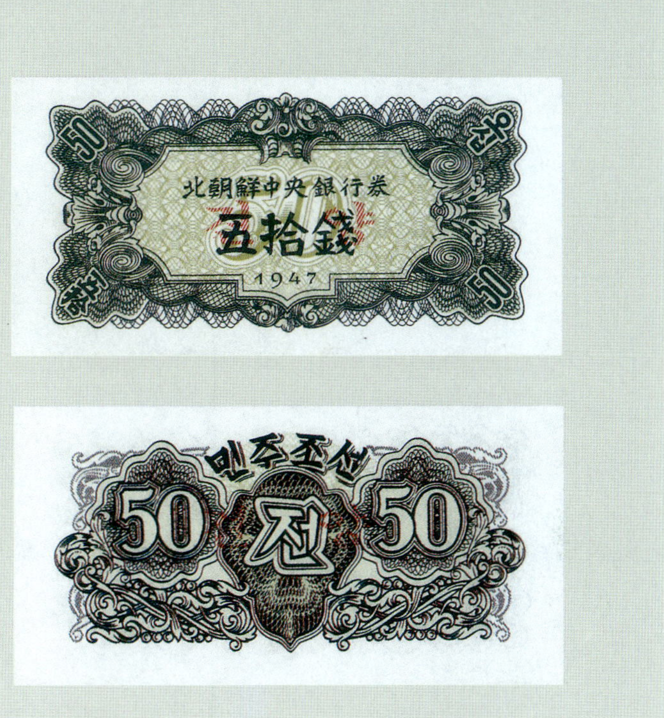

제1차 화폐 개혁의 50전권 사회주의 경제 체제의 토대를 구축하고 남한으로부터의 화폐 유입을 방지하기 위해 화폐 개혁을 실시하였다.

12월 12일까지 모든 화폐를 신화폐와 1 대 1의 비율로 교환하도록 하였다. 그뒤 1949년 5월 14일부터 새로운 보조 화폐인 15전, 20전, 50전을 신규 발행함으로써 같은 해 8월 15일부터는 일제시대에 발행한 모든 보조 화폐를 무효화시켰다. 따라서 북한에서는 북조선 중앙은행이 발행한 화폐만이 통용되었다.

1947년에 발행한 원권은 네 종류 모두 동일하게 앞면에는 노농자와 농민상을, 뒷면에는 산을 도안 소재로 사용하였다. 그리고 1949년에 발행한 전권은 인물이나 경치를 도안 소재로 사용하지 않고 앞뒷면에 각각 액면을 나타내는 문자와 숫자를 표시하였다.

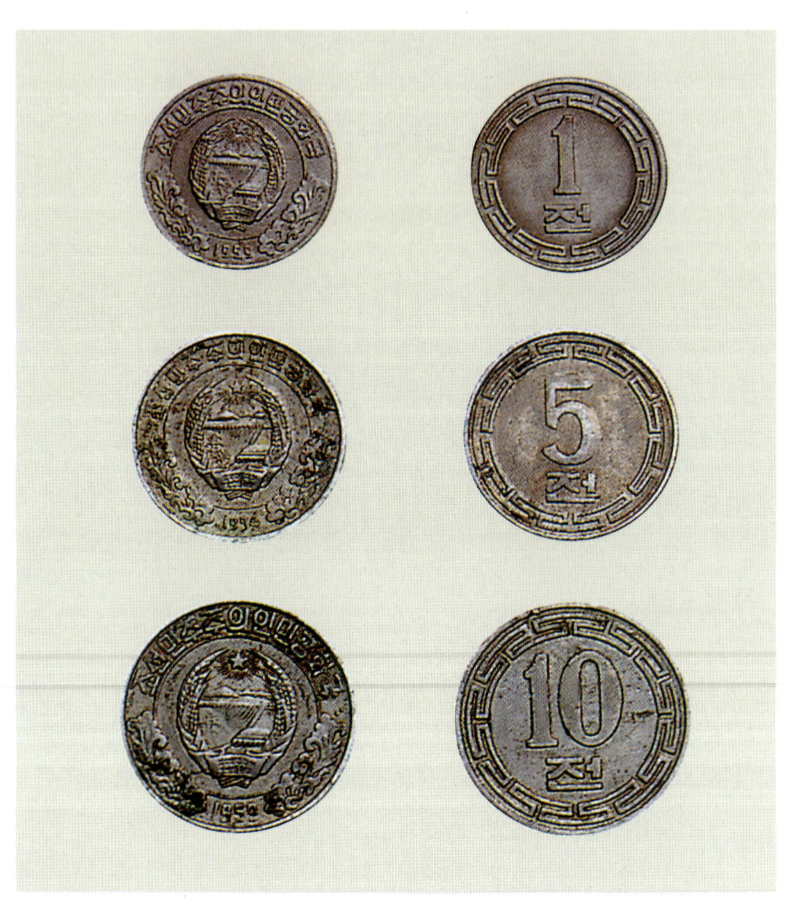

보조 주화 3종 1959년 보조 화폐와 같이 발행하였던 1전, 5전, 10전의 보조 주화이다.

　그리고 1959년 2월 13일 「신화폐 발행에 대하여」라는 내각 결정 제
11호를 공포하여 '제2차 화폐 개혁'을 실시하였다. 이것은 6·25 동란
으로 인한 인플레이션의 누적을 방지하고 주요 산업의 국유화와 농업
의 협동화가 완료됨으로써 이에 맞는 새로운 화폐 제도를 마련하기 위
한 것이었다. 더불어 1960년대의 새로운 경제 계획 실시에 따른 투자
재원을 확보하는 데 그 동기가 있었다. 주요 내용은 조폐 기관인 종전
의 북조선 중앙은행이 '조선 중앙은행'으로 이름을 바꾸고 50전권, 1

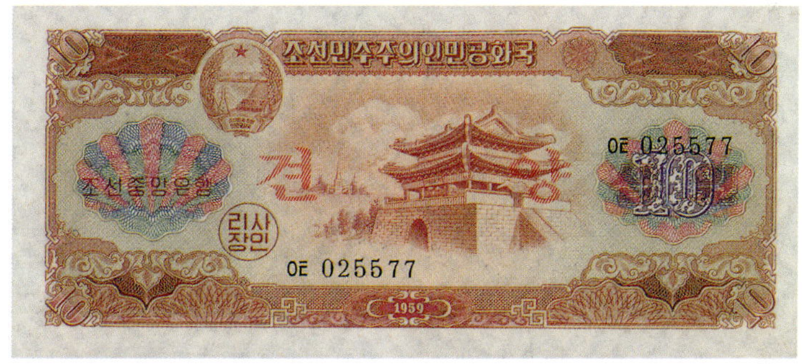

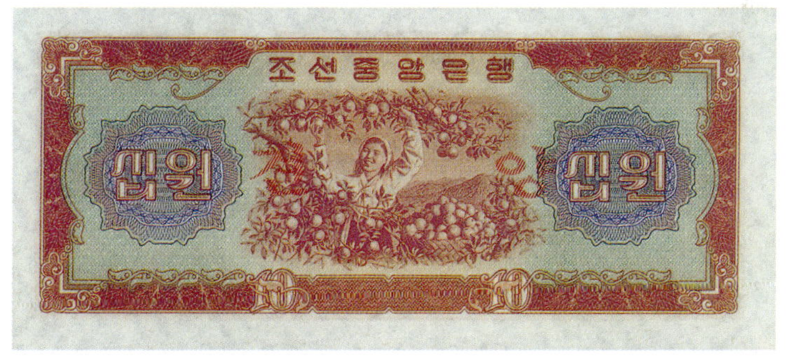

제2차 화폐 개혁의 10원권　인플레이션과 새 경제 체제에 따른 투자 재원의 확보를
위해 제2차 화폐 개혁에서 6종의 은행권과 3종의 주화를 발행하였다.

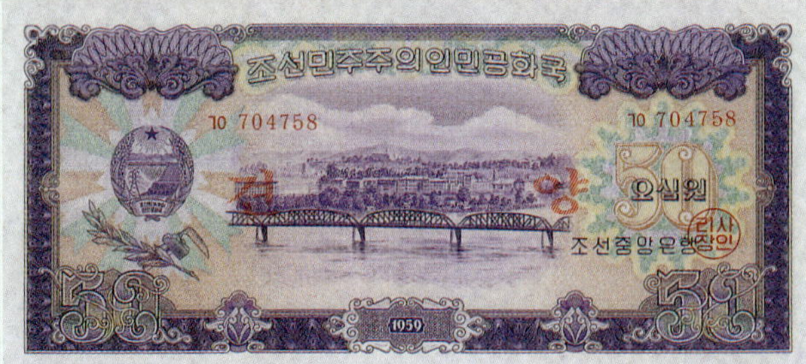

제2차 화폐 개혁의 50원권

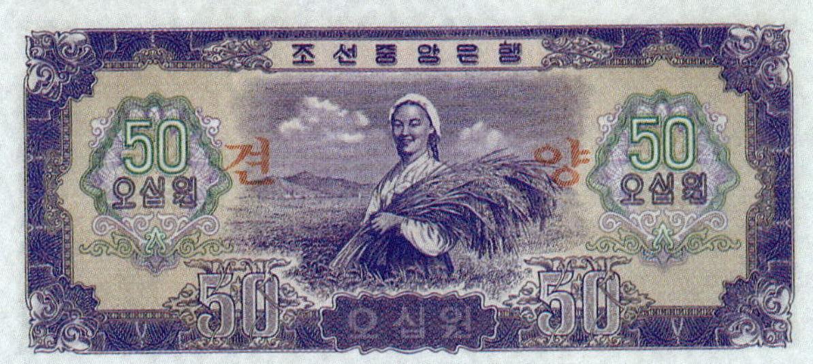

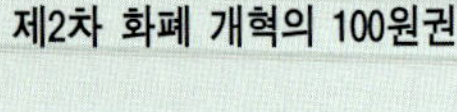

제2차 화폐 개혁의 100원권

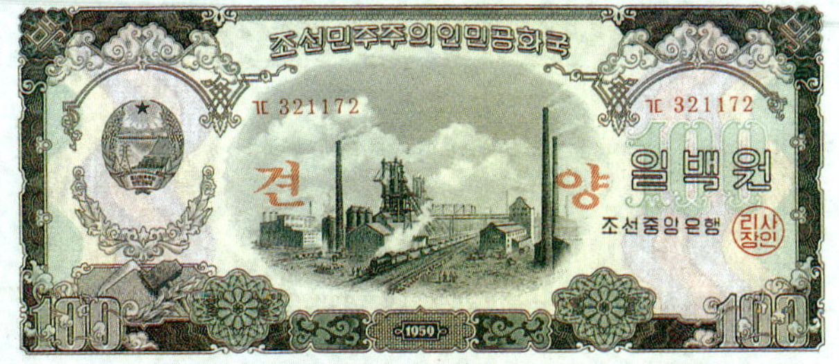

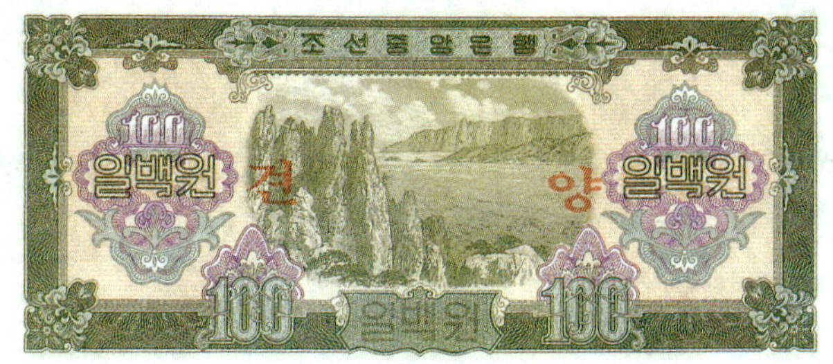

원권, 5원권, 10원권, 50원권, 100원권 등 여섯 종류의 은행권과 1전화, 5전화, 10전화 등 세 종류의 주화를 발행한 뒤 구 화폐의 통용을 금하고 구 화폐 100원에 대해 신 화폐 1원의 비율로 교환하였다.

이때 발행된 은행권은 앞면을 어선, 김일성 대학, 대동문, 대동교, 제철소 등으로 다양화하였으며 1원권과 5원권의 뒷면에는 액면 표시 문자가, 10원·50원과 100원권의 뒷면에는 각각 과일 따는 여인과 추수하는 여인·금강산 등이 사용되었다.

'제3차 화폐 개혁'은 1979년 4월 6일에 「중앙인민위원회 정령」에 의

제3차 화폐 개혁의 50원권 1979년 4월에 있었던 제3차 화폐 개혁에서는 종전의 조선 중앙은행에서 '조선민주주의인민공화국 중앙은행'으로 이름이 바뀌고 은행권 5종과 주화 50전짜리를 새로이 발행하였으며 구 은행권의 유통을 금하였다.

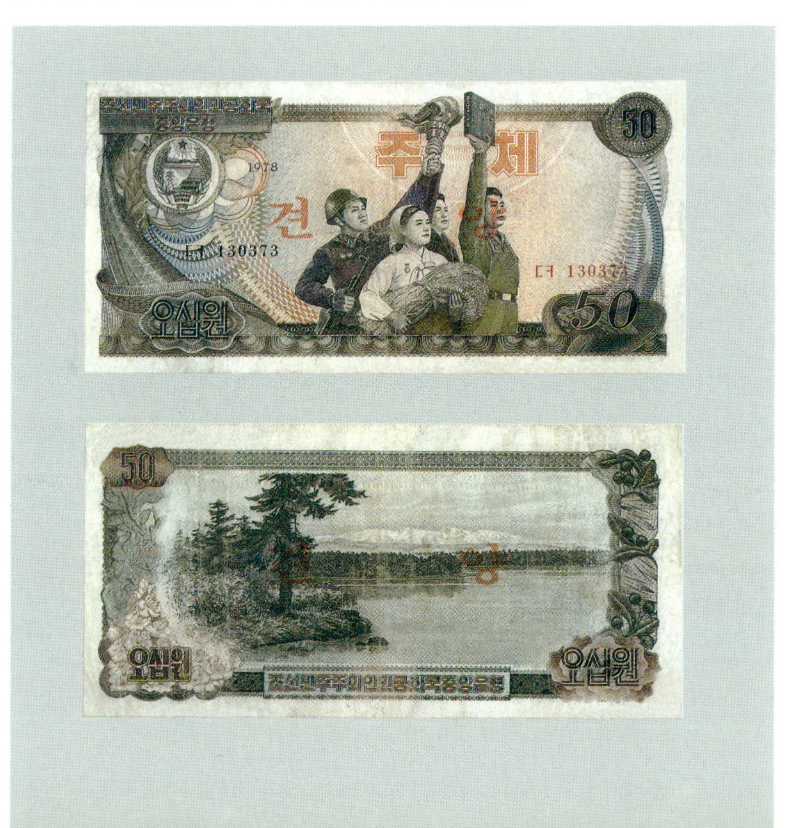

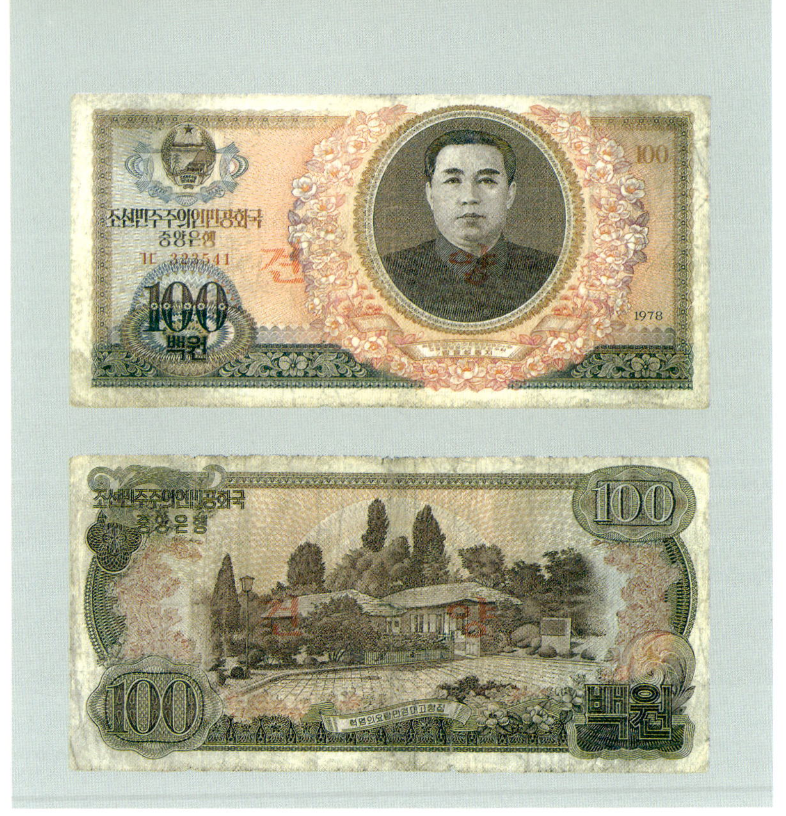

제3차 화폐 개혁의 100원권

해 실시되었는데 이는 화폐 유통을 원활하게 하고 개인은 물론 기관, 기업, 단체 등이 보유하고 있는 유휴 화폐를 강력하게 회수하기 위함이었다. 이와 같이 유휴 화폐를 회수하게 된 배경은 1973년의 세계적인 자원 파농으로 인한 급격한 물가 인상을 방지하고 정부의 부족한 재원을 충당하기 위해서였다.

당시 자원이 부족하여 각 공장에서는 원재료를 확보하기 위해 비공식적으로 현금을 보유하려고 하였다. 이로 인해 현금이 제대로 유통되지 않아 북한 정부는 재원의 부족과 국제 신용의 추락으로 외자 조달이 곤란할 지경이었다. 따라서 북한 정부는 화폐 개혁을 통해 주민과 기업이 보유하고 있는 화폐를 동원하여 산업 자금화를 꾀하고자 하였다.

제3차 화폐 개혁의 주요 내용을 보면 조폐 기관의 이름이 종전의 조선 중앙은행에서 '조선민주주의인민공화국 중앙은행'으로 바뀌고 1원권, 5원권, 10원권, 50원권, 100원권 등 은행권 다섯 종류와 50전의 주화를 새로이 발행하고 구 은행권의 유통을 금하였다. 이때 은행권의 도안 소재는 앞면에 김일성 초상, 각 계층 인물, 천리마 동상, 노동자와 농민상 등이 사용되었고 뒷면에는 김일성 생가, 백두산, 제철소, 금강산 등이 사용되었다.

그리고 구 1원에 대해 신 1원의 비율로 금액에 관계없이 교환해 주면서 일부 또는 전부를 저금할 수 있도록 하였고 기관, 기업, 협동 단체는 1979년 4월 6일 현재 가지고 있는 구 화폐를 동년 4월 8일까지 은행에 입금시킨 다음 필요한 만큼 새 화폐로 찾아 쓰도록 하였다. 다만 구 주화인 1전, 5전, 10전화는 그대로 통용되었다.

또한 1원, 5원, 10원, 50원권에 특별한 표식을 추가한 특수 화폐(돈표)를 발행하여 외화와 교환하여 사용할 수 있도록 하였다. 특수 화폐는 내국인용과 외국인용으로 구분되는데 내국인용은 북한 주민이 외국인들로부터 받거나 취득한 외화를 북한 화폐로 교환할 때, 외국인용은 외국인이 보유한 외화를 북한 화폐로 교환할 때 사용하도록 하였다.

이와 같이 별도의 돈표를 발행한 이유는 부족한 외화를 집중시키되 재일동포 등 외국 친척으로부터 송금받은 외화를 구매력이 떨어지는 북한 화폐로 바꾸는 데 따르는 주민의 저항과 지하 시장이나 외국인에 의한 외국 화폐의 불법 유통 등을 통제하기 위한 것으로 보인다.

그러다 1988년 9월 특수 조폐 기관을 무역은행으로 이관하고 별도의 문양을 한 특수 화폐를 발행하였다. '조선민주주의인민공화국 무역은행'으로 표시된 새로운 1원, 5원, 10원, 50원권과 1전, 5전, 10전, 50전권의 여덟 종류의 특수 화폐가 발행되었다.

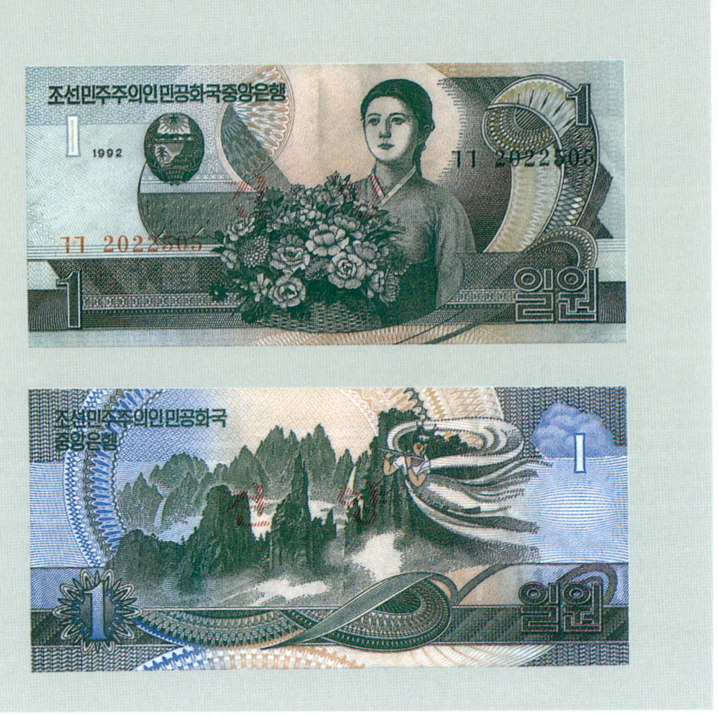

제4차 화폐 개혁의 1원권　　제4차 화폐 개혁으로 5종의 은행권을 발행하였다. 1979년 발행하였던 동일 액면의 구 은행권의 유통은 금지하고 신 은행권과는 1 대 1로 교환하였다. 그러나 종전의 일반 주화는 그대로 유통시켰다

　　1992년 7월, '제4차 화폐 개혁'이 이루어졌다. 「중앙인민위원회 정령」에 따라 새로이 1원, 5원, 10원, 50원, 100원 등 다섯 종류의 은행권을 발행하였다. 이에 따라 1979년 발행하였던 동일 액면의 구 은행권의 유통은 금지되고 신 은행권과 일정 한도 내에서 1 대 1의 비율로 교환되었다. 그러나 종전의 일반 주화는 그대로 유통시켰다.

　　은행권의 앞면에는 꽃파는 처녀, 각 계층 인물상, 천리마 동상과 노동자상, 김일성 초상 등을 도안 소재로 사용하고 뒷면에는 금강산, 인민대 학습당, 남포 갑문, 울창한 산림, 김일성 생가 등을 사용하여 국가관과 북한의 유려한 자연을 잘 보여 주고 있다.

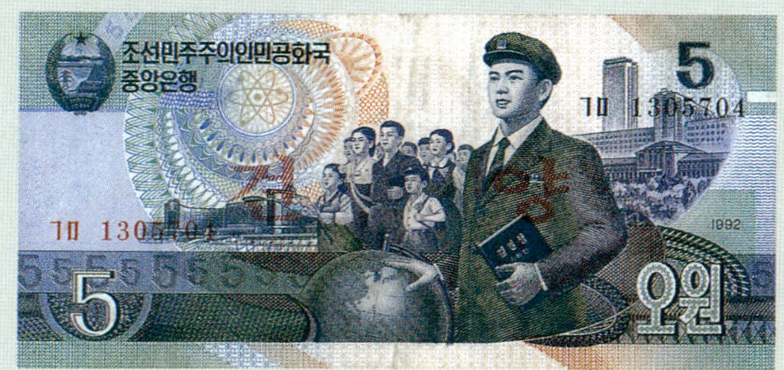

제4차 화폐 개혁의 5원권

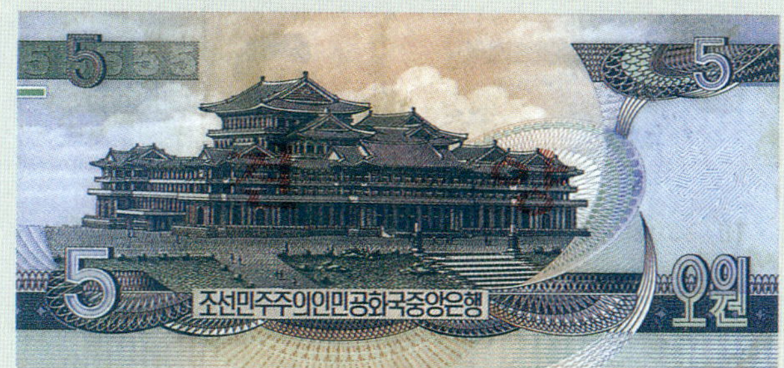

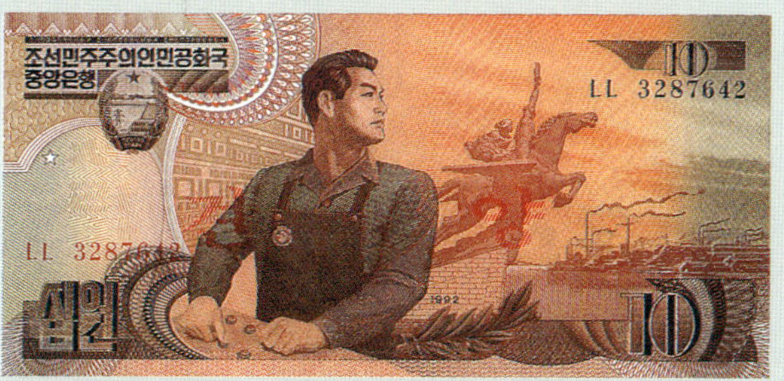

제4차 화폐 개혁의 10원권

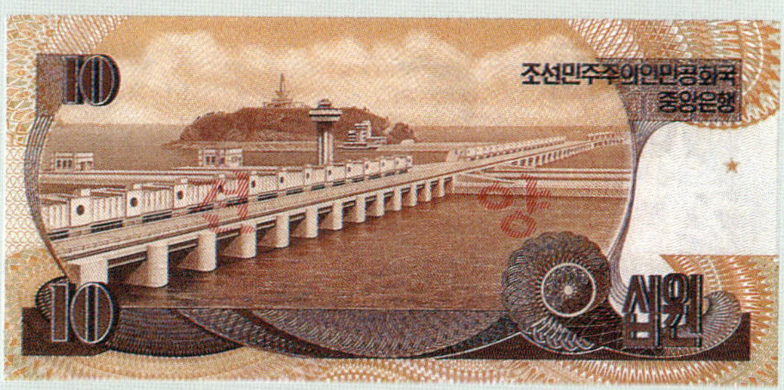

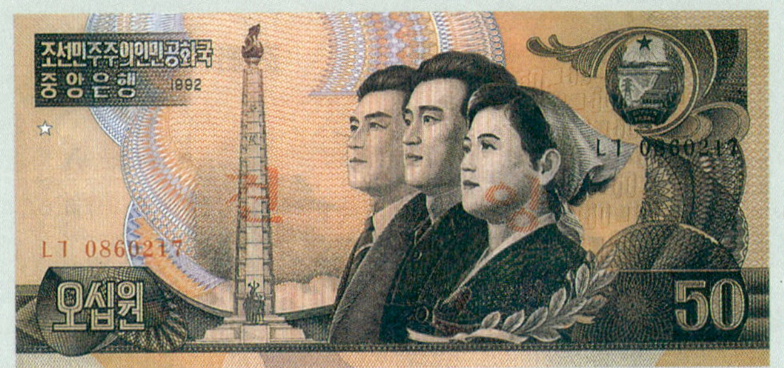

제4차 화폐 개혁의 50원권

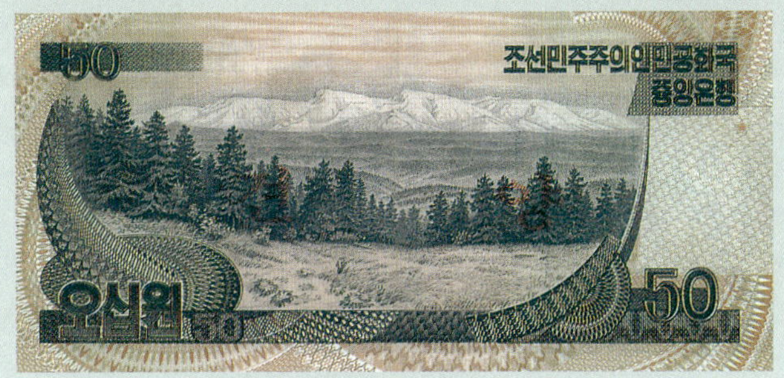

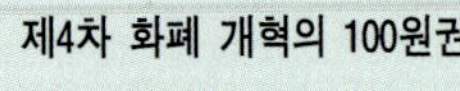

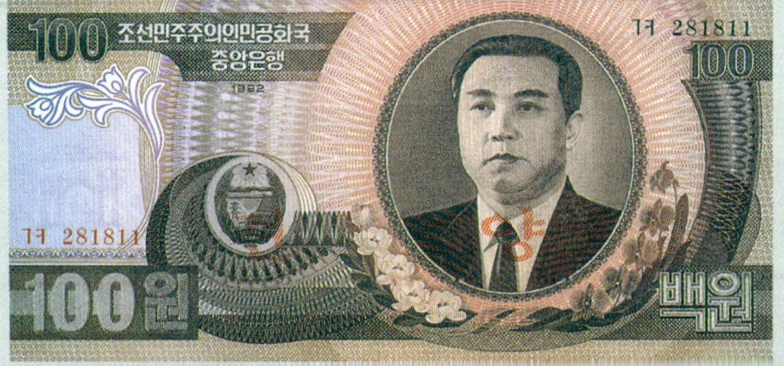

제4차 화폐 개혁의 100원권

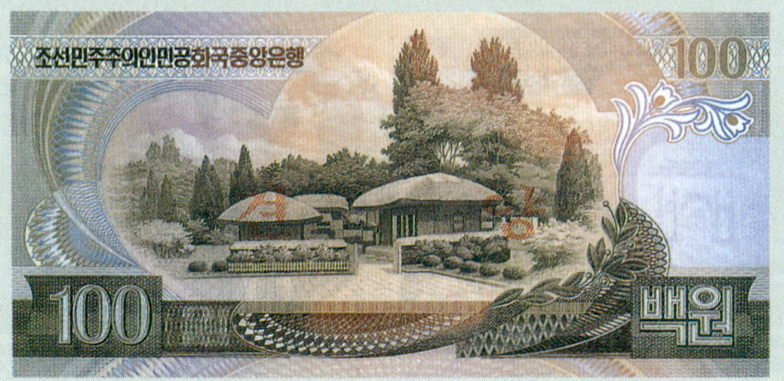

북한 화폐의 종류

　광복 이후 지금까지 네 차례에 걸쳐 화폐 개혁을 실시한 북한에서 현재 사용되고 있는 화폐에는 크게 일반 화폐와 특수 화폐가 있다.

　일반 화폐에는 지폐와 주화가 각각 다섯 종류가 있다. 지폐는 1992년 7월 '제4차 화폐 개혁'으로 중앙은행이 발행한 액면 1원, 5원, 10원, 50원, 100원권 등 다섯 종류의 은행권이 있다. 주화는 1전, 5전, 10전, 50전, 1원화 등 다섯 종류가 있는데 1전·5전·10전권은 1959년 2월, 50전 주화는 1979년 4월, 1원 주화는 1987년 10월부터 유통되었다.

　화폐 단위가 원인 만큼 1원권은 기본권으로서의 역할을 하며 50전은 10전권, 5전권, 1전권과 마찬가지로 보조 화폐로서의 역할을 수행하였다. 그리고 50원권, 100원권은 기본권과 고액권의 중간 위치에서 기본권의 기능을 보완해 준다. 대부분의 거래에 있어서는 1원권, 5원권, 10원권이 사용되고 있다. 이러한 권종별 구성의 움직임에 나타나는 특징은 기본권의 비중이 끊임없이 강화되는 반면에 소액권의 유통이 더욱 약화되고 있다는 것이다.

　특수 화폐는 은행권에 특수한 표식을 추가하여 1979년 4월부터 썼다. 외국인용은 액면이 표시된 타원형 무늬를 일반 은행권의 뒷면에 추가 인쇄하였는데 교환되는 화폐가 사회주의 국가냐 비사회주의 국가냐에 따라 적색과 청색으로 구분하였다.

　내국인용의 경우는 외국인용 특수 화폐의 뒷면에 '외화와 바꾼돈'이라는 문구가 표시된 사각형의 무늬를 추가 인쇄하였다. 따라서 당시의 특수 화폐는 일종의 '돈표'라고 할 수 있다. 그러다가 1988년 9월 이후에는 조선민주주의인민공화국 무역은행에서 1전, 5전, 10전, 50전, 1원, 5원, 10원, 50원 등 여덟 종류의 특수 화폐를 발행하였다.

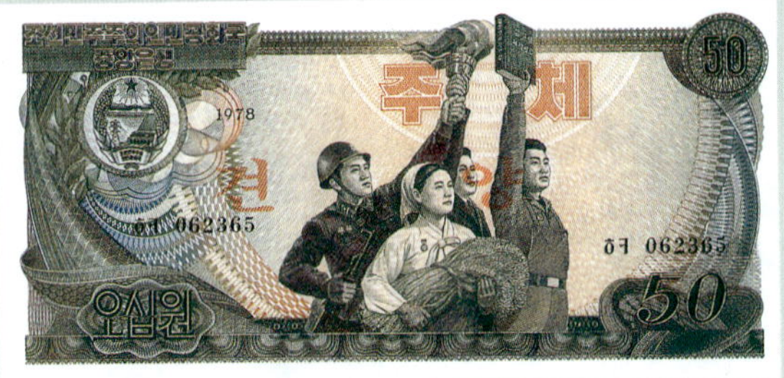

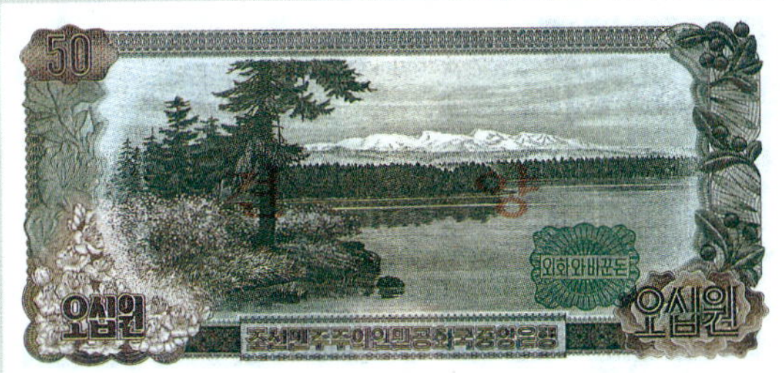

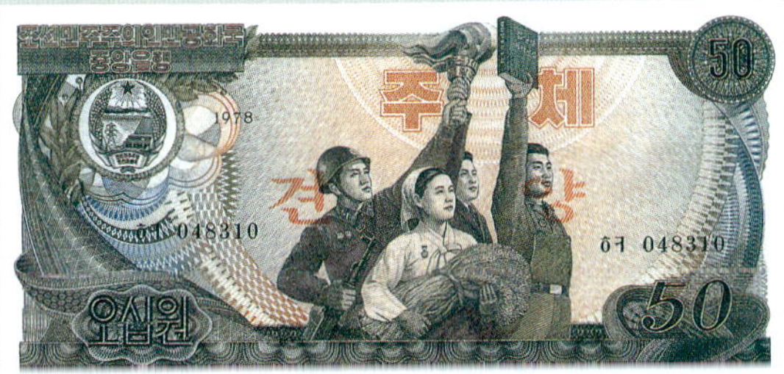

사회주의국가와 바꾼돈표 1979년에 발행된 특수 화폐의 일종이다. 위는 내국인용이고 왼쪽은 외국인용이다.

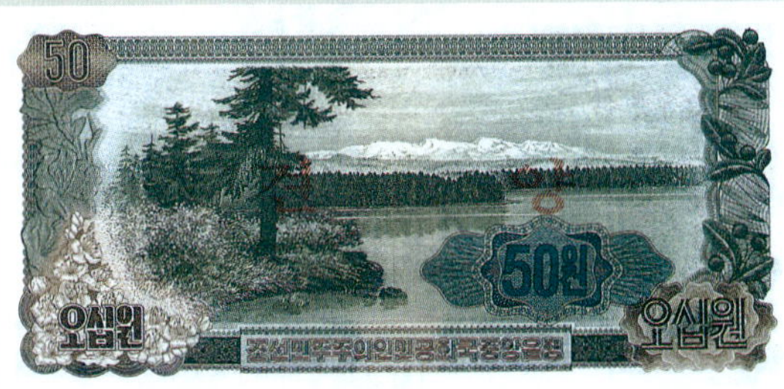

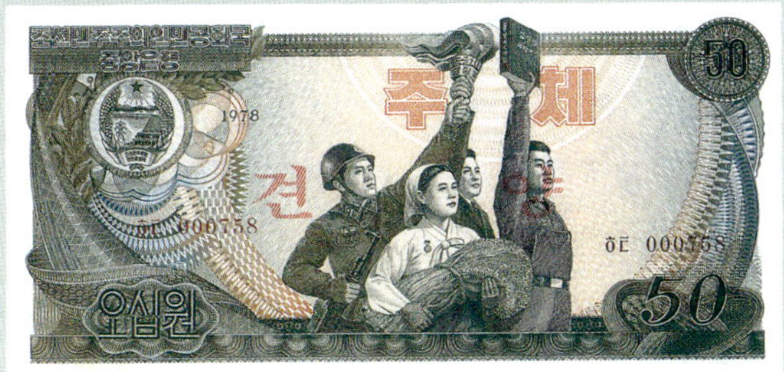

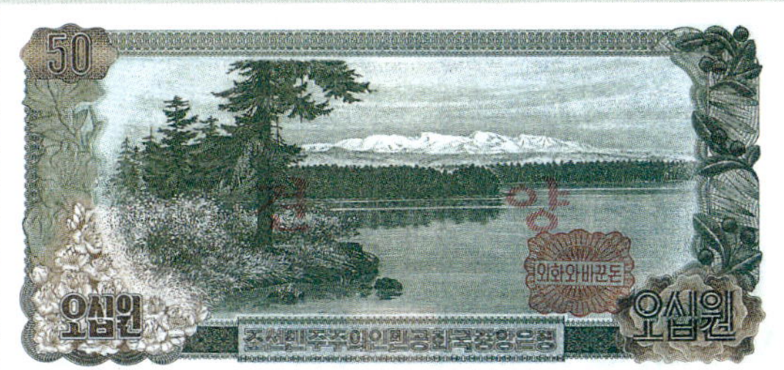

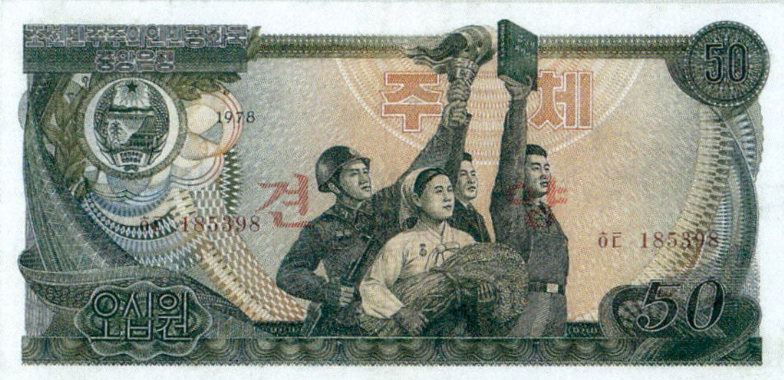

비사회주의국가와
바꾼돈표 1979년
에 발행된 특수 화
폐의 일종이다. 위
는 내국인용이고 왼
쪽 외국인용이다.

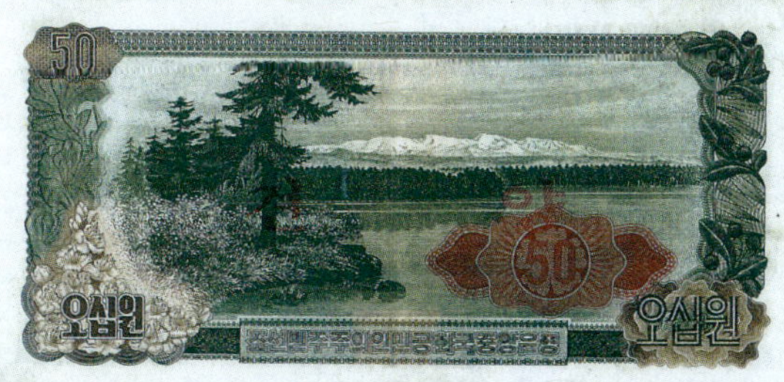

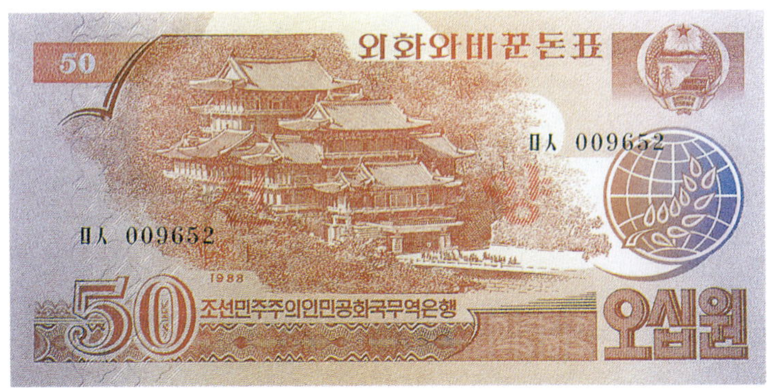

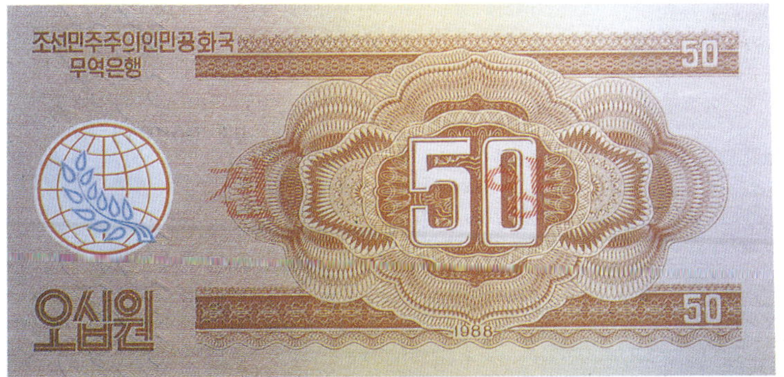

사회주의국가와 바꾼돈표 1988년에 무역은행에서 발행한 특수 화폐의 일종으로 적색이며
내국인과 외국인의 구별 없이 쓰인다.

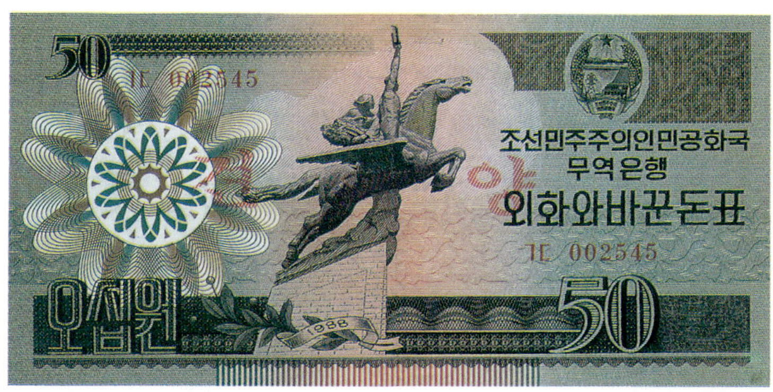

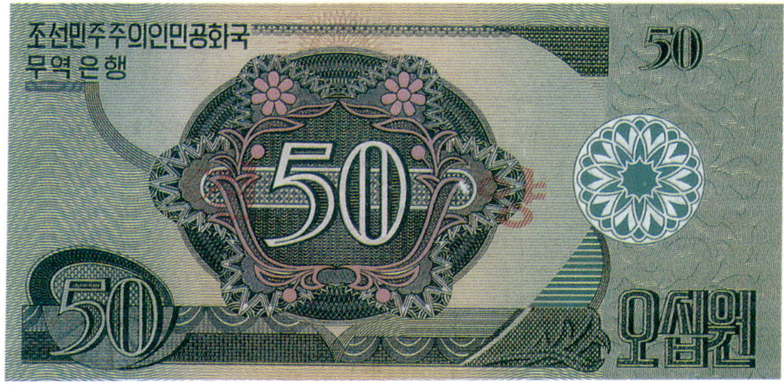

비사회주의국가와 바꾼돈표 녹색으로 앞면에는 외화와 바꾼돈표라는 문구와 북한을 상징하는 문양이 들어가고 앞뒷면에 동일하게 숫자가 들어간다.

　이 무역은행권 가운데 사회주의국가 화폐 교환용에는 국제 친선 전람관을, 비사회주의국가 화폐 교환용에는 천리마 동상을 도안의 소재로 사용하였다. 전권에는 공통적으로 '외화와 바꾼돈표'라는 문구와 북한을 상징하는 문양(文樣)을 인쇄하였으며, 앞뒷면 모두 동일하게 액면 표시 문자와 숫자를 인쇄하였다. 따라서 무역은행에서 발행한 특수 화폐는 내국인용과 외국인용을 구분하지 않았다.

　북한에서는 달러나 루불 등 외화를 직접 사용할 수 없기 때문에 외국인이 북한 내의 호텔이나 외화 상점을 이용하기 위해서는 일단 외화를 돈표로 바꾸어야 한다. 그러나 사회주의 국가의 화폐는 국제 사회에서 태환성이 떨어지기 때문에 북한 내의 외화 상점에서도 적색 돈표로는 컬러 텔레비전, 냉장고 등의 물건 구입이 제한되는 반면 녹색 돈표는 모든 물건을 자유로이 살 수 있어 위력이 더욱 크다.

외국 화폐의 유통

고려시대

지원보초와 중통보초

쇄은이 화폐로서 사용되기 시작한 1287년에는 원나라의 지폐인 지원보초(至元寶鈔)와 중통보초(中統寶鈔)가 국내에 합법적으로 유통되었다는데 군용 지폐의 성격을 지니고 있었다고 생각된다. 이것이 우리나라에서 유통된 최초의 외국 화폐로 보이며 지원보초는 중통보초의 5배로 교환되었으나 국내 화폐와의 교환 비율은 정확하지 않다. 1352년에 공민왕이 부원(附元) 세력을 배제하고 고려 본래의 체제로 복구하려는 시도를 하면서 원나라 화폐가 자취를 감추게 되었으리라 추측된다.

조선시대

청전

1867년(고종 4)에는 당백전의 주조를 정지한 뒤 종래 역관들이 밀수입한 청전(淸錢)을 국내에서 합법적으로 통용할 수 있도록 하고 그의 수입을 허용하였다. 당시 수입, 유통된 청전은 가경통보(賀慶通寶), 도광통보(道光通寶), 동치통보(同治通寶) 등이었다. 이들의 액면 가치는 상평통보와 동일하였지만 실제 가치는 상평통보의 2분의 1 내지 3분의 1에 불과한 소전이었다.

청전의 유통은 매우 활발하였던 것으로 보인다. 청전의 유통이 금지된 1874년(고종 11) 당시 청전의 유통량은 300 내지 400만 냥에 달하였는데 이는 당시 상평통보 유통량인 1,000만 냥의 30 내지 40퍼센트에 달하는 거액이었다. 1874년에 아무런 과도적인 조치도 없이 갑자기 청전의 유통이 금지됨에 따라 당장 화폐량이 격감되어 전황(화폐 부족 현상)이 발생하였으며 경제 활동이 침체되고 경제계와 유통계에 상당한 혼란이 야기되었다.

1원 은화

1876년(고종 13)의 '강화도 조약' 이후에 일본 상인이 대거 한국으로 건너옴에 따라 일본의 본위 화폐인 1원 은화(1圓銀貨—日本貨幣)가 우리나라에 대량 유입되어 개항장에서 유통되었다. 강화도 조약으로 인해 일본 화폐가 우리나라 안에서 일본인은 물론 한국인에게도 자유롭게 반입, 유통될 수 있었다. 개항으로 일본 상품이 점점 많이 수입됨에 따라 1원 은화의 신용도가 높아지게 되었을 뿐만 아니라 그 유통 범위도 점점 넓어졌다.

한편 1원 은화와 바꿀 수 있는 일본 은행권은 일본인 거류지나 대도시에서는 비교적 원활하게 유통되었지만 지방에서는 은행권보다는 상평통보가 일반적으로 유통되었다. 1원 은행권은 개항 이후 한·일 간의 무역에 주로 사용되었으며 우리나라 화폐와의 교환 비율은 1883년 봄에 1원 대 2냥 5전 하던 것이 다음해에는 1원 대 3 내지 8냥으로 일

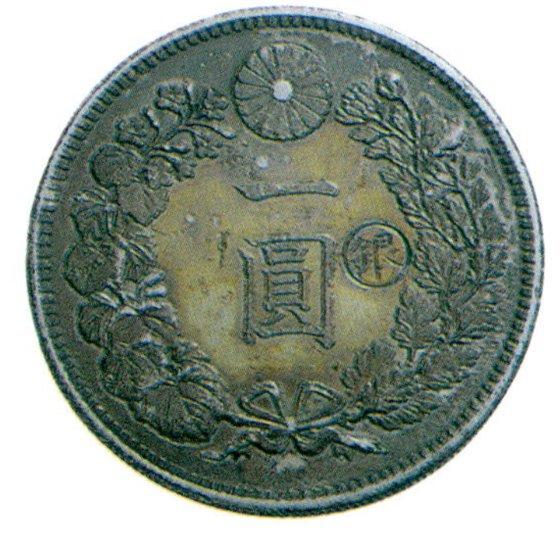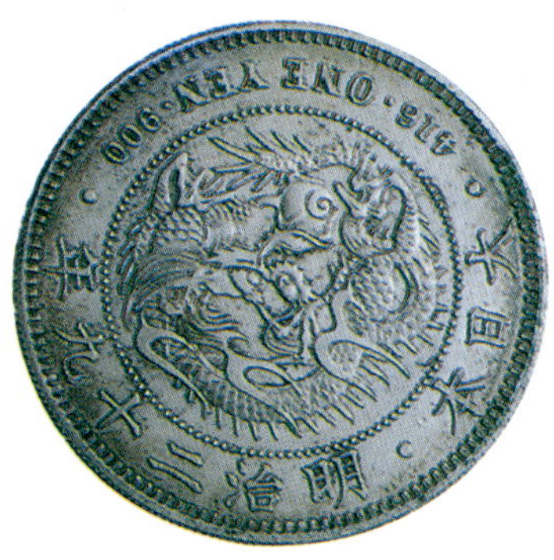

1원 은화 개항 이후 개항장에는 일본 상인이 건너와 일본의 본위 화폐인 1원 은화를 대량 유통시켰다.

본 화폐의 가치가 올라간 것으로 나타난다. 당시 일본의 태환 은행권의 수입액은 100만 원 정도였으나 무역을 통해 유입된 것까지 합하면 150만 원 정도라고 추정된다.

마제은

1894년(고종 31)을 전후하여 위안 스카이(袁世凱), 딩루챵(丁汝昌) 등 청국 관리들에 의해 국내에 유입된 마제은은 중국의 원말·명·청 시대의 화폐로서 말굽 모양을 하고 있기 때문에 말굽은이라고도 불렸다.

중국에서는 은량, 보은이라고도 불리며 종류에 따라 중량이 일정하지 않지만 일반적으로 50냥 안팎의 것이 많았다. 소량 거래보다는 대규모 상거래에서 주로 사용하였다.

중국 상인에 의해 우리나라에 유입되었으며 중국 상인들의 왕래가 많은 평안도의 의주와 압록강의 상류 연안에서 주로 유통되었다. 청일 전쟁 때는 군자금으로 우리나라에 대량 유입되기도 하였다.

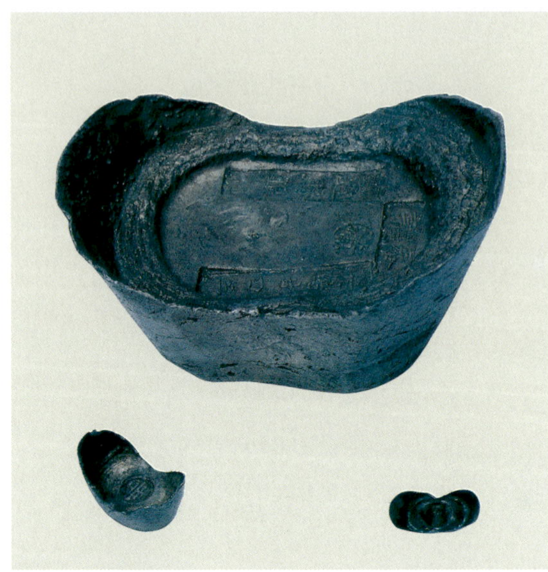

마제은 1894년 전후에 우리나라에 유입되어 대규모 상거래에서 주요 사용하던 말굽 모양의 은괴이다. 그러나 유통액도 그리 많지 않았고 부의 저장 수단으로서 활용된 것으로 보인다.

그러나 마제은의 유통액은 그리 많지 않았던 것으로 추측되며 왕실 등 일부 부유층에서 부의 저장 수단으로서 활용된 것으로 보인다.

멕시코 은화

개항 이후 중국 상인들에 의해 우리나라에 유입되어 주로 개항지에서 유통되었다. 멕시코 은화는 본위 화폐로서 1535년에서 1903년까지 멕시코에서 주조되었다. 은화는 멕시코의 중요 상품으로 외국에 수출되어 국제 무역의 결제 수단으로 통용되는 등 국제 통화로서 기능하였다. 그럴 수 있었던 가장 큰 이유는 멕시코 은화의 중량이나 품질이 400여 년 동안 거의 일정하여 그 가치가 안정되었기 때문이다. 다소의 차이는 있지만 대부분의 중량은 417그레인(1그레인=0.0648그램, 순은의 무게는 374그레인)으로 순도 90퍼센트 이상이었다.

멕시코 은화는 외국인들에 대한 벌금 수단 또는 관세의 징수 수단으로 이용되는 등 개항 이후 유통량이 증가되기도 하였으나 위조 멕시코 은화가 유통되면서 신용이 떨어져 우리나라에서 점차 자취를 감추게 되었고, 19세기 말 국제적으로 금본위제가 등장하면서 국제 통화로서의 기능도 상실되어 갔다.

유사 화폐의 발달과 유통

고유의 어음

어음은 채무 증서이면서 물건을 거래할 때 결제 수단으로 이용되기 때문에 유사 화폐라고 말할 수 있으며, 어험(魚驗) 또는 음표(音票)라고 불렀다. 우리나라 고유의 어음에 관한 기원이나 연혁은 상세한 기록이 발견되지 않아 명백하게 알 수는 없지만 조선 초기부터 주로 객주(客主)에 의해 발행된 것으로 보인다. 초기에는 객주들 간에 또는 객주와 상인들 간에 사금파리나 기와 조각 등이 채무 증서로 사용되다가 후에 육의전을 중심으로 정형화된 고유 어음이 사용된 것으로 추정된다. 처음에는 육의전 상인이나 객주를 중심으로 사용되다가 나중에는 공공 기관과 일반 사람들에 이르기까지 널리 통용되었다.

일반적으로 고유 어음은 다음과 같은 경우에 발행, 통용되었다. 첫째, 남에게 채무를 지는 경우 차용 증서 대신에 어음표에 지불 기한을 명시하여 채권자에게 교부할 필요가 있을 때 사용하였고 오늘날의 약속 어음과 비슷한 구실을 하였다. 둘째, 어떤 물품을 거래할 경우 그 대가를 뒷날에 지불할 것을 약속하는 데 사용하였다.

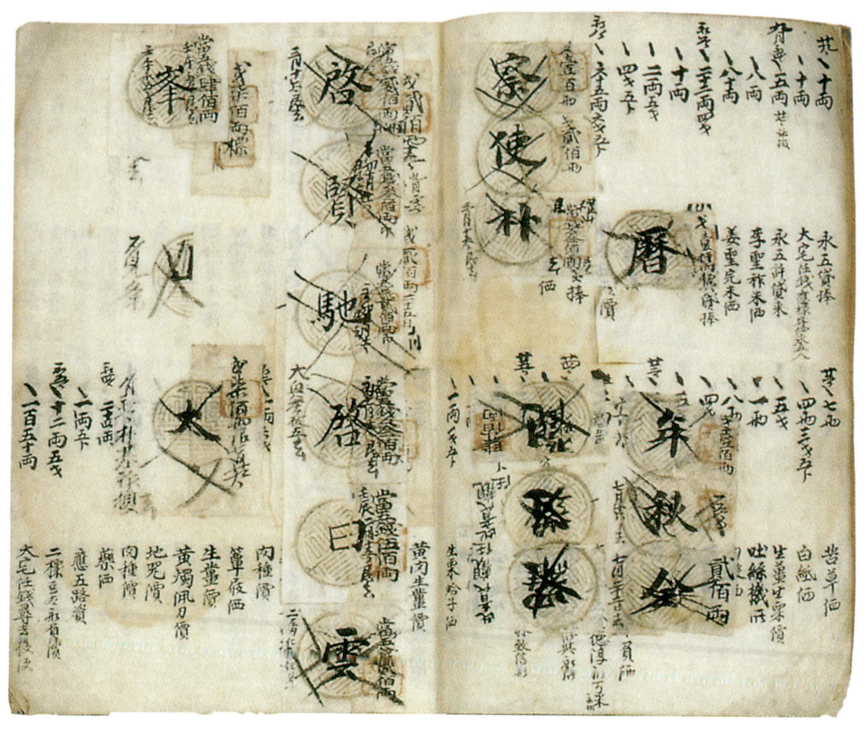

일기 어음 금전출납부 형식으로 특이하게 어음을 책에 붙여 놓아 당시의 어음 상황을 알 수 있다.

셋째, 먼 거리에 있는 사람들의 금전 거래에 편의를 도모하기 위해 서로 미리 약속을 하고 그 약속된 범위 안에서 어음을 발행하거나, 특정 지역에서 다른 지역으로 이동되는 금전을 특정 지역에 있는 사람이 우선 당겨 쓰고 어음을 작성하여 보내면 다른 지역 사람이 지불하여 주는 경우에 사용되었다. 이것을 '환(換)' 이라고 부르기도 하였는데 오늘날의 환어음과 비슷한 구실을 하였다.

한편 공공 기관도 일정한 필요가 있을 때에는 어음을 이용하였다. 가령 어느 고을에서 곡식 1만 석을 조세로 납부할 때 곡식이나 현금을 바로 운송하는 데는 많은 불편이 야기될 수 있다. 이럴 때 정부에서 지정한 육의전이나 객주 등에서 어음을 발행하여 곡식 대신 어음으로 납부하도록 함으로써 합리적으로 어음을 이용하였다.

대체로 고유 어음은 닥나무 껍질을 원료로 한 간지(簡紙)·창호지·백지 등을 임의로 사용하였고 길이 4치 5푼 내지 7치에, 너비 1치 5푼 내지 3치 가량의 종이를 이용하였다. 이 종이 가운데에 '당문 ○○○냥(當文 ○○○兩)', '당전 ○○○냥(當錢 ○○○兩)', '전문 ○○○냥(錢文 ○○○兩)'이라고 기입하였는데 이것은 '마땅히 ○○○냥을 지급하겠다'는 뜻이다. 그리고 대개 오른쪽 윗부분에 어음을 작성한 날짜를 기입하고 그 아래에 채무자(발행인이자 지불인)의 이름이나 성을 쓰고 그 바로 밑에 도장을 찍거나 수결(手決)을 하였다.

또한 일정한 지급 기일을 명시하기 위해 지급 날짜를 적은 것과 언제든지 지급을 청구할 수 있도록 지급 날짜를 적지 않은 것이 있었다. 일정한 장날에서 다음 장날까지 5일간의 기간을 한 파수(派收)로 계산하는데, 고유 어음의 기일은 원칙적으로 한 파수에서 두 파수로 되어 있으며 길어도 두 달을 넘지 않는 것이 보통이다.

일단 어음을 만들면 가운데를 세로로 잘라 채무자의 기명이 있는 오른쪽인 남표(男票, 雄片)를 채권자인 수취인에게 주고 왼쪽인 여표(女票, 雌片)를 채무자인 발행인이 보유하였다. 조선 말기에 이르러서는 대개 어음을 자르지 않고 그대로 채권자인 수취인에게 교부하기도 하였다.

이러한 고유 어음은 이서(裏書)라는 요식 행위의 관습이 없었으며 자유롭게 양도할 수 있었으므로 누구든지 어음을 지닌 사람은 발행인에게 어음에 적힌 일정한 금액의 지급을 청구할 수 있었다.

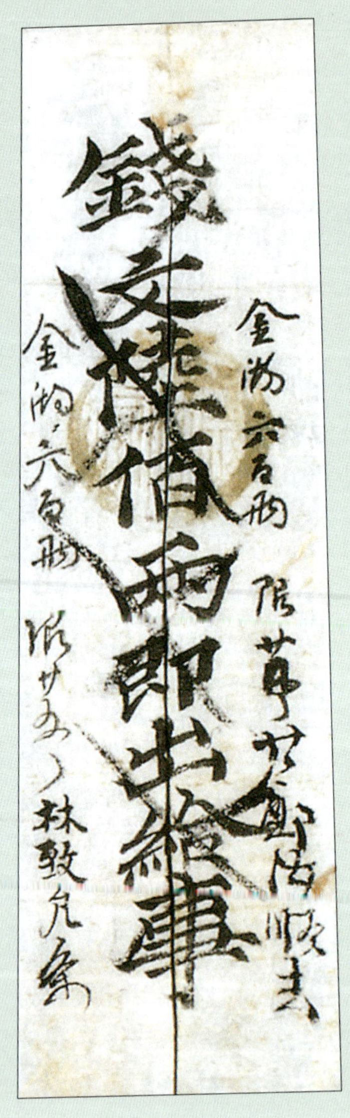

어음 금액을 적어 반으로 나눠 채무자와 채권자가 한 편씩 나눠 갖는다. 차용 증서 대신 작성, 교부하며 지급일이 되면 맞추어 보고 현금을 지급한다.

곧 남표를 가진 사람이 지급을 요구하면 발행인은 그가 지니고 있던 반쪽의 여표와 맞추어 보아 꼭 맞을 경우 그 어음에 적힌 금액을 현금으로 지급하였다. 어음 양도에는 채무자의 승낙을 받을 필요는 없었으나 그것을 확인하는 것이 통례였으며 이것을 '답음(踏音)'이라 하였다. 답음의 증거로 어음의 여백이나 이면에 채무자의 수결이나 답인(踏印)을 받아 두기도 하였다. 또한 어음 기한이 도래하기 전에 돈이 필요할 때에는 어음을 담보로 하여 미리 돈을 끌어 쓰기도 하였으며 어음을 미리 발행하여 매매하기도 하였다.

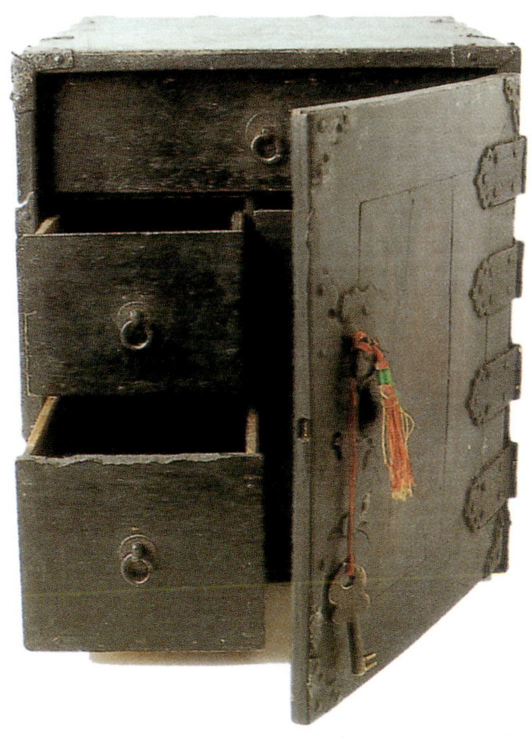

목제 금고 가로 31센티미터, 세로 34센티미터. 조선시대에 쓰였다.

고유의 어음은 공사간에 대차, 매매와 기타 복잡한 거래에 있어서 여러 가지 형태로 주고받으면서 사용되었으며, 이와 같이 여러 부문에 걸쳐 통용되는 어음을 한 곳에서 교환하고 결제할 필요성이 생겨 역인청(力人廳)이라는 어음 교환소를 두었다.

1876년 개항 이후에 고유의 어음은 종래보다 더 많이 사용되었는데 신용도가 높아 내국인뿐만 아니라 중국인이나 일본인까지도 아무런 어려움 없이 활용할 수 있어 유통 범위가 더욱 확대되었다. 또한 중국인이나 일본인에 의해서도 고유 어음이 발행, 통용되었다. 엽전이 주로 유통되고 있던 남부와 동북부 지방에서는 어음의 금액이 엽전으로 표시된 엽전 어음이 널리 유통되었다. 1894년에 백동화가 발행되기 시작한 이후로는 서울, 인천을 중심으로 하는 중부와 서북부 지방에서 백동화가 널리 유통되었으므로 어음의 금액이 백동화로 표시된 백동화 어음이 일반적으로 통용되었다.

일본 다이이치은행은 1884년(고종 21)부터 해관 어음[海關手形, 현재의 은행 발행 자기앞 어음]을 발행하여 해관세를 납부하도록 하였으며 이 어음의 편리함으로 시중 상거래에서도 널리 사용되었다. 일제는 금융 공황의 원인을 고유 어음의 남발에 있다고 터무니없이 비난하면서, 1905년 9월 「약속수형조례(約束手形條例)」와 「수형조합조례(手形組合條例)」를 공포하고 아무런 과도적인 조처도 없이 무모하게 고유 어음의 통용을 금지시켰다. 그러나 어음의 편리함 때문에 고유 어음은 계속 통용되었다.

오랜 세월 동안 무겁고 부피가 큰 금속 화폐를 대신하여 금융을 원활하게 소통시키는 신용 수단의 기능을 잘해 온 고유 어음은 일제의 금지 조처에도 불구하고 객주를 중심으로 면면히 사용되었다. 고려시대부터 발생된 것으로 추정되는 객주는 일제 강점기 동안에도 끈질기게 유지되었다.

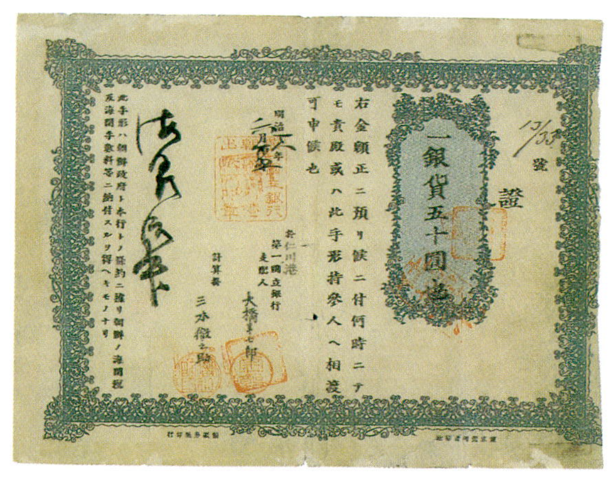

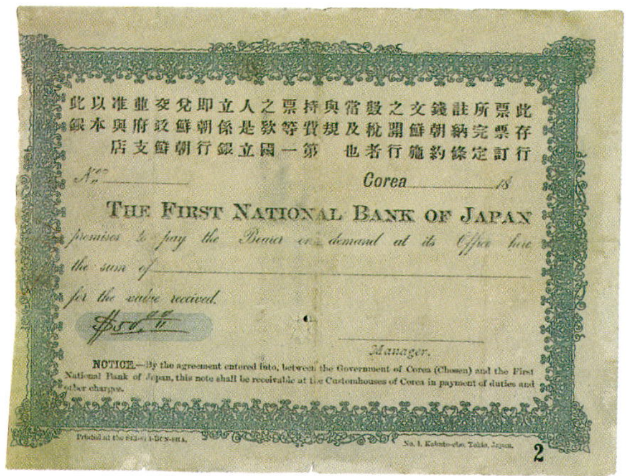

해관세 납부용 어음 해관세로 은화 50원을 낸다는 내용이 적힌 어음인데 간단하게 세금을 낼 수 있는 방법으로 유통되었다.

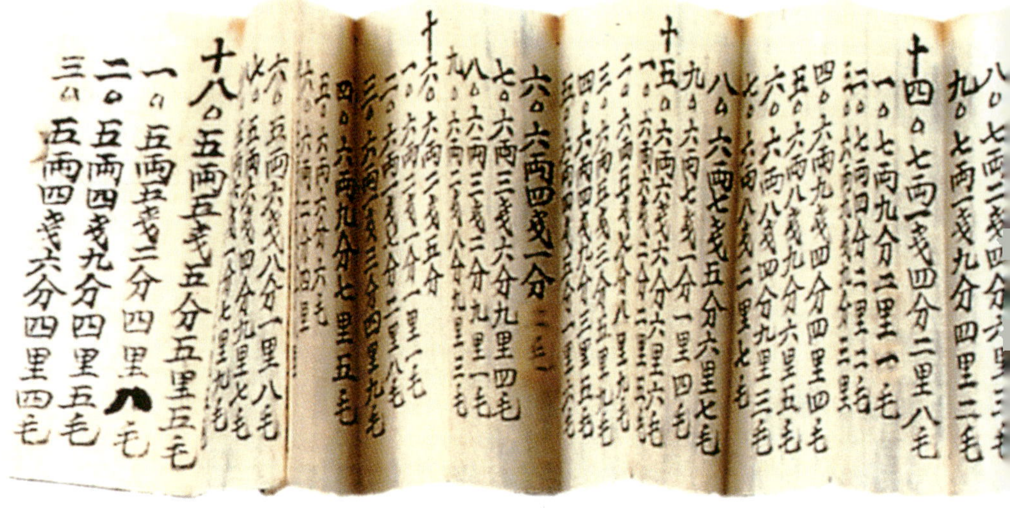

할리목록 이자를 계산해 놓은 목록으로 금리 조견표로 추정된다. 계절이나 빌린 시기에

　뿐만 아니라 1960년대에 이르기까지 존속되었는데 이를 통해 고유의 어음도 오랫동안 이용되었으리라 추정할 수 있다.

　한편 고유의 어음이 나라의 독립을 위한 군자금을 걷는 데 이용되기도 하였다. 독립 자금을 걷고자 할 때 당장 현금이 없거나 일제의 감시가 심한 경우에는 우선 고유 어음을 독립군 관계자에게 교부하고 후일에 그 어음에 근거하여 독립 자금을 현금으로 지급하여 독립 운동을 적극적으로 지원하였다.

　고유 어음이 통용되는 모든 곳에서 고유 어음을 이용하여 독립 운동을 돕는 일을 하였으며 특히 만주와 접하고 있던 국경 지방에서 널리 행하였던 것으로 보인다.

　1919년 평안북도 의주군 동암산(東巖山)에서 조직된 '보합단(普合

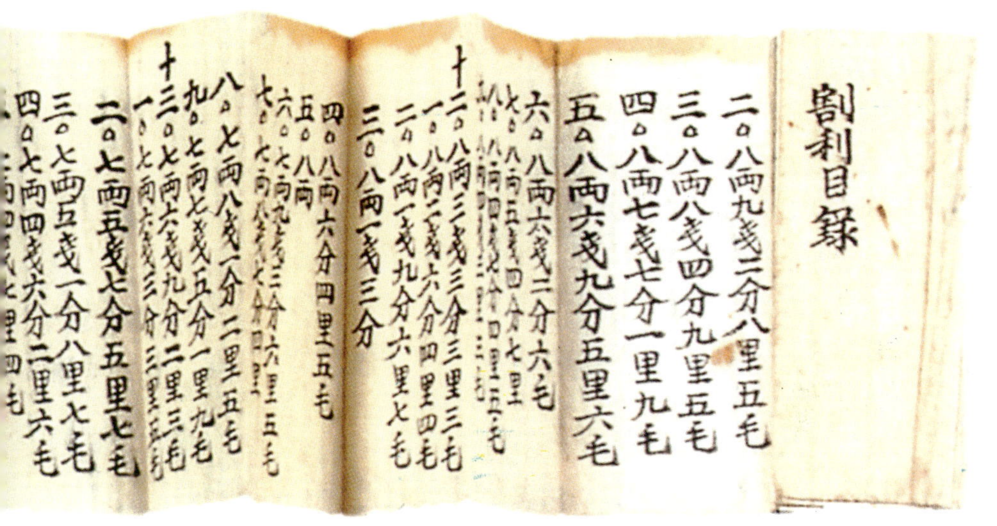

따라 합리적으로 이자를 계산하여 시간에 따른 이자 개념을 금융 생활에 도입하였다.

團)'이라는 독립 운동 단체가 자금을 조달하는 데 고유 어음을 이용한
사례가 보인다.

고유의 시변과 돈표

고유 어음과 비슷한 시기에 발생하여 통용되어 온 고유의 금융 제도
로 시변(時邊)이 있다. 고유의 시변은 낙변(落邊)이라는 합리적인 길
미(이자의 순 우리말)의 조건 아래 아무런 담보물 없이 신용을 토대로
신속하게 단기 자금을 융통하는 것을 의미한다.
시변의 길미는 계절에 따라 다소의 변동이 있었으나 대체로 1개월에

1.25퍼센트 정도였고 빌려 쓰는 기일에 따라 합리적으로 길미가 달리 적용되었다.

예를 들면 1 내지 5일 빌릴 때는 그 달의 월리 1.25퍼센트를 모두 물고, 6 내지 10일 빌릴 때는 0.25퍼센트 떨어진 1퍼센트를, 11 내지 15일 빌리는 경우에는 다시 0.25퍼센트가 떨어진 0.75퍼센트의 길미를 부담하도록 합리적으로 조정하여 단기 자금을 이용할 수 있도록 하였다. 오늘날 신용 카드를 이용하여 현금 서비스를 받을 때 처음에는 일정한 수수료(실질 성격은 단기 자금의 이자)를 받다가 빌리는 기간의 정도에 따라 차등의 수수료율을 적용하는데, 우리 선인들은 조선시대부터 시간에 따른 이자 개념을 금융 생활에 도입하였다.

계의 경우도 앞 순번에 탈 때 뒤 순번에 타는 사람보다 상대적으로 많은 금액을 넣도록 하는 것도 시간에 따른 돈의 효용 가치를 인정하였기 때문이다. 일제 강점기에도 시변을 이용하여 단기 자금을 융통하였는데, 1930년대 황해도 김천군에서는 시변리(時邊里)라는 지명이 생겨났을 정도로 시변에 의한 단기 자금 융통이 성행한 것으로 보인다. 고유 시변 거래의 증서로는 예약을 하는 '거래지(去來紙)'와 계약의 내용을 적은 '명문(明文)'이 사용되었다.

또한 고유 어음과 유사한 것으로는 1925년 1월 만주에서 조직된 독립운동 단체인 '정의부(正義府)'에서 발행하여 통용된 돈표〔錢票〕가 있다. 정의부에서는 만주의 정의부 관할 안에 이주하여 생활하는 동포로부터 의무금을 징수하여 공공 경비에 충당하였다. 특히 정의부에서 급료를 지급할 때 현금은 그대로 본부에 비축해 두고 돈표를 사용하였는데 만주에 이주한 동포들도 이 돈표를 그대로 믿고 교환과 지급의 수단으로 활용하였다. 이와 같이 정의부의 돈표는 화폐로서의 기능을 수행하였는데 이는 사회의 믿음이 화폐 유통의 근간이라는 것을 알려 준다.

고유의 어음이나 시변 또는 돈표가 탈없이 면면히 이용되어 온 것은 일정한 담보물 없이도 서로가 서로를 믿는 신용을 바탕으로 한 인의(仁義)의 윤리가 선조들의 정신에 내재되어 있었기 때문이다. 오늘날의 관점에서 보면 하찮은 사금파리나 종이 쪽지이지만 그것만으로도 복잡한 형식을 갖춘 오늘날의 증서 못지않게 통용될 수 있었던 것은 서로 믿는 아름다운 풍속을 바탕으로 할 때에 금융 제도의 발전이 가능하다는 사실을 보여 준다. 상거래의 믿음을 중요시한 조상의 슬기는 신용 사회를 살아가는 현대인에게 다시 한 번 귀감이 된다.

조선시대 주전소 소재지

중앙—사복시, 경리청, 공조, 균역청, 금위영, 무비사, 무위영, 창덕궁, 정초청, 총융청, 양향청, 호조, 훈련도감, 상평청, 병조, 비변사, 선혜청, 수어청, 어영청, 전환국, 진휼청

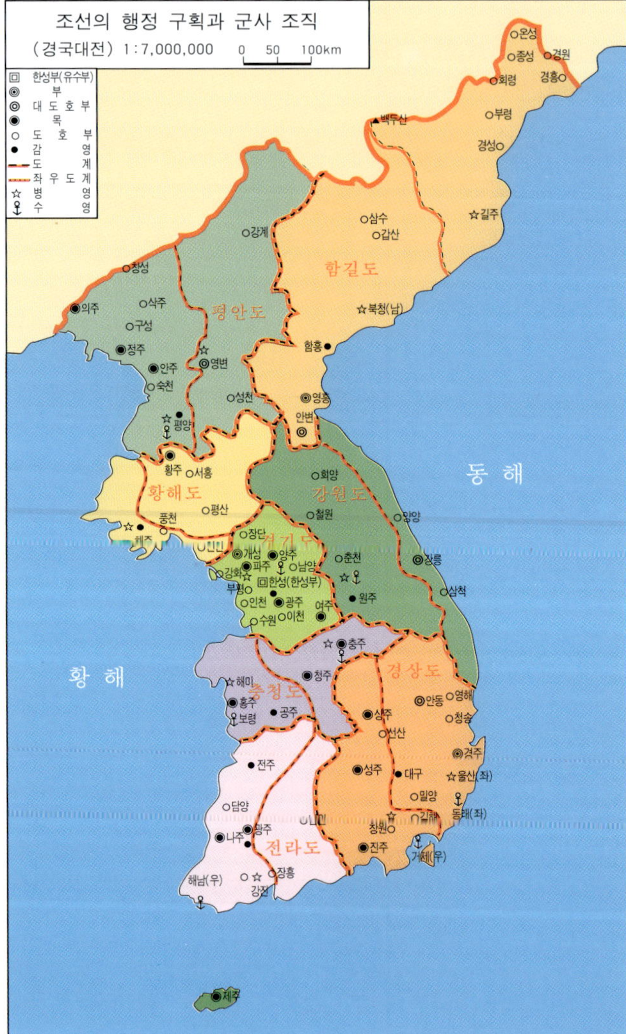

평안 감영
평안 병영

황해 감영
해주 관리영

경기 감영
강화 관리영
광주 관리영
수원 관리영
개성 관리영
경기 수영

충청 감영

전라 감영
전라 좌영
전라 우영
전라 병영

함경 감영
함경 북영
단천 관리영
이원 관리영

강원 감영
춘천 관리영
원주 관리영

경상 감영
경상 우영
경상 수영
경상 좌영
통영 관리영
창원 관리영

조폐 기관

고려시대

주전도감

  농업, 공업의 생산력이 발전하여 상품 유통이 활발해지면서 편리하고 명확한 금속 화폐의 필요성이 대두하였다. 이때 송나라를 다녀온 의천이 금속 화폐의 사용을 강력히 주장하여 1097년(숙종 2)에 화폐 주조의 업무를 담당할 관청으로 개경 광화문 동남쪽에 주전도감(鑄錢都監)을 설치하였다. 이것이 고려 최초의 조폐 기관이다.

  같은 해 12월에는 주전관을 두어 주전 사무를 보게 하였다. 여기에서 만든 화폐는 주로 동전으로 1102년 12월 해동통보 1만 5,000관을 처음으로 만들어 재추, 문무 양반, 군인에게 분배하였으며 이어 삼한중보, 동국통보, 동국중보, 해동중보 등을 만들었다.

  그뒤 홍복도감(弘福都監)이란 조폐 기관이 설치되었다가 1391년(공양왕 3)에 해체되고 지폐의 제조를 목적으로 자섬저화고(資贍楮貨庫)가 설치되었다. 그러나 저화가 발행되지 못함에 따라 다음해에 자섬저화고도 해체되었다.

조선시대

주전소

조선시대에 동전을 주조하기 위해 중앙의 관련 부서 또는 지방의 감영 등에 임시로 설치한 관청이 주전소(鑄錢所)이다. 그러나 상설 관청이 아니었으므로 수시로 설치, 폐지되었고 그 연혁이나 직제 등에 대한 구체적인 내용은 정확하게 알려지지 않았다.

세종 초 경기도 양근군(지금의 양평군)에 주전소를 설치하였으나 원재료와 주전 인력의 확보가 어려워 폐지하였다. 양근군의 주전소를 폐지한 다음 1424년(세종 6) 2월에 전라도와 경상도에 새로 설치, 별감을 파견하여 감독하도록 하였다.

1731년(영조 7) 7월에는 흉황 구제의 자금을 마련하기 위해 호조와 진휼청에 명하여 상평통보의 주조를 재개시키고 주전소를 분설하였다. 또 1807년(순조 7) 정월에는 균역청에 주전소를 설치하고 30만 냥을 수소하도록 넣하니 그해 10일에 주조를 완료한 일이 있었다.

1883년(고종 20) 2월 18일에 당오전의 주조를 결정하고 다음해 봄부터 경희궁 안, 창덕궁 뒤 그리고 만리창의 3개소에 주전소를 설치하여 당오전의 주조를 명하며 민씨 일파의 거두인 민태호에게 위의 세 주전소를 관장하게 하였다.

그 밖에 지방에 있는 강화도 주전소에도 당오전의 주조를 명하였고 의주에도 수선소를 새로 설치하여 당오전을 주조하게 하였다. 전환국이 설립된 이후에도 주전소는 늘어나기만 하여 서강의 복파정과 탁영루, 진어영 등에서도 당오전을 주조하였다.

경성전환국

1883년 7월 5일, 정부는 상설 조폐 기관으로 전환국을 설치하기로 결정하였다. 전환국을 설치한 직접적인 동기는 1876년 개국 이후 재정 수요가 급증하여 이를 충당하기 위해 보다 많은 양의 화폐를 발행할 필요성이 있었기 때문이었다.

그리고 당시 각처에 분산 실행하던 화폐 주조 사업을 중앙에서 집중 관리함으로써 통화 정책을 보다 합리적으로 운용하며 개국 이후의 시대적인 요청에 부응하여 근대적 신식 화폐를 주조, 유통하려는 간접적인 동기도 있었던 것으로 보인다.

처음 전환국이 설립되었을 때 건물을 새로 짓지 못하여 현재의 창덕궁 왼쪽으로 올라가는 원서동(당시 원동)에 있는 대가(大家)를 빌려 전환국 임시 사무소로 정하였으며 그 관리에는 민영익을 임명하였다.

전환국 운영 방안은 묄렌도르프의 건의에 의해 이루어져 주조 기계를 독일에서 수입하기도 하였다. 그러나 전환국 건물에는 조폐 기기를 설치할 수 없어 당시 선혜청 별창 자리에 전환국 건물을 새로 건축하였다. 그 위치는 명백하지 않지만 현재의 남대문초등학교 북쪽 부근이었을 것이라고 추측된다.

이 건축물은 1885년(고종 22) 2월에 기공하여 그해 11월에 준공되었는데 이것이 경성전환국이다. 이때의 건물은 벽돌로 지은 3동의 건축물이었다. 기관실, 용해, 압연, 각인, 분석의 각 공장이 1동으로 되었으며 굴뚝의 높이가 60피트로 남대문의 높이와 비슷하여 당시에는 색다른 건물이었다고 한다. 1887년(고종 24) 10월경에는 이곳에 조폐 기기 시설을 완비하고 1888년에 이르러서는 마침내 근대 화폐의 압주가 가능하게 되었다.

당시 경성전환국에서는 주조를 위해 주화 금형으로 금화 5종(1환, 2환, 5환, 10환, 20환)과 은화 5종(반냥, 1냥, 2냥, 5냥, 1환), 적동화 5종(1문, 2문, 5문, 10문, 20문) 등 15종을 독일에서 수입하였다. 하지만 실제로는 '개국 497년'이라는 연호를 넣어 5문, 10문 적동화(각

2,000장)와 1환 은화(약 1,300장) 등 3종의 신식 화폐만을 주조하는 데 그쳤다.

인천전환국

1888년에 경성전환국에서의 신식 화폐 주조가 중단되었다. 그 이유는 개혁을 꺼리는 조선 사회의 전통적 관념과 후진적인 화폐 가치관, 통화 정책 운용상의 시행 착오 및 만성적인 재정 궁핍 등에 있었다. 결과적으로 독일에서 막대한 비용을 들여 수입한 근대적인 조폐 기기는 무용지물이 되었고 화폐 제도의 문란으로 인한 사회·경제적인 혼란은 날로 심각해졌다.

서울 만리창을 비롯한 각 주전소에서 악화 당오전과 일문전, 상평통보를 남발하였으며 일본인과 결탁한 사주전(私鑄錢) 행위가 성행하여 화폐 가치는 날로 하락하는 반면 물가는 급등하였다. 그래서 정부는 외국 자본을 도입하여 화폐제의 개혁을 단행하고자 1892년(고종 29) 전환국 방판(幇判) 안경수를 일본 오사카(大坂)에 파견하였다.

오사카의 화폐 주조 관련 전문가들의 권고에 따라 서양식 주화를 주조하기로 하고 일본 화폐와 모양, 중량, 품위가 동일한 화폐를 주조하기로 결정하였다. 오사카 제동회사 사장 마스다(增田信三)가 화폐 주조 자금을 대여하는 대신 조선 정부는 전환국의 관리 운영권을 일본인에게 부여하고 일본인을 전환국 관리로 채용하기로 계약하였다. 이 계약에 따라 마스다는 전환국 건축비와 기계 설치비로 2만 700원을 기증하고 25만 원을 조선 정부에 대여하였다.

1892년 11월 마스다가 전환국 감독에 취임한 뒤 사무원, 기계 기사 등 15 내지 16명의 일본인들을 채용하였다. 그리고 일본에서 수입하는 주화 원료를 운반하는 데 불편함이 없도록 지금의 인천여자고등학교 자리에 인천전환국을 신설하였으며 경성전환국에서 보유하고 있던 조

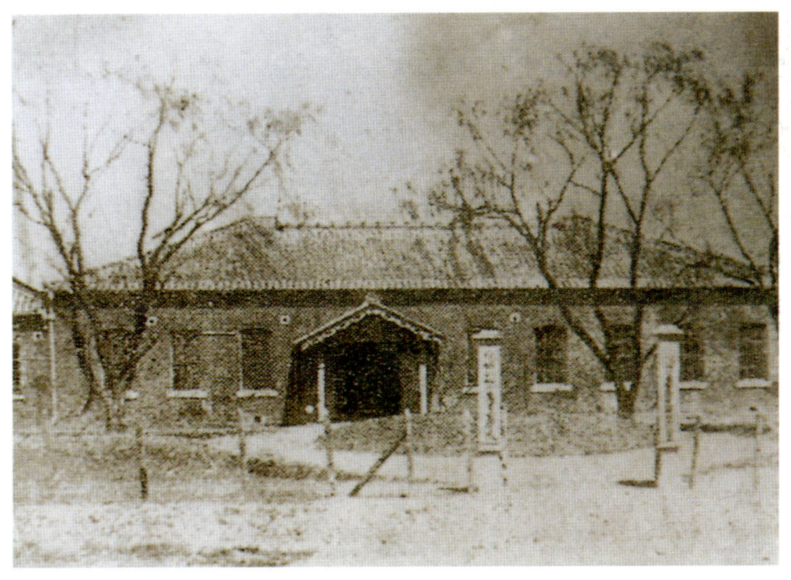

인천전환국 1892년 당시의 모습이다. 인천전환국을 신설한 이유는 일본의 영향이 강한 곳에 전환국을 설치하여 우리의 화폐권을 보다 용이하게 장악하기 위해서라고 보인다.

폐 기기를 인천전환국으로 이관하였다.

인천전환국 신설의 실질적인 이유는 일본인의 영향이 강한 인천에 전환국을 설립함으로써 보다 용이하게 우리의 화폐권을 장악하기 위한 것으로 보인다. 그리하여 인천전환국에서는 1892년 12월 4일 시운전을 마치고 5냥 은화를 주조하였으며 7일부터는 5푼 적동화, 뒤이어 2전 5푼 백동화, 1푼 황동화 등을 주조하였으나 유통되지 못하였다. 그 이유는 주조량이 수요량에 미치지 못하였고 신·구 화폐의 교환 비율이 정하여지지 않았으며, 당시 주조 화폐에 표시된 '대조선(大朝鮮)'이라는 국호에 대해 청나라의 위안 스카이가 '대' 자를 삭제하라는 요구를 하였기 때문이다.

용산전환국

급증하는 화폐의 수요에 대처하기 위해 1898년 전환국을 용산으로 이전하였다. 용산전환국에서는 1901년(광무 5)의 「화폐 조례」가 공포되면서 러시아의 영향으로 독수리무늬를 채색한 은화를 발행하였다. 용산전환국에서는 반환 은화를 1901년에서 1902년까지 얼마간 주조하였고, 주조 이익이 많은 백동화를 1902년부터 주조하였으나 전체 발행량의 1퍼센트에 불과하였다.

용산전환국은 '제1차 한일협약' 을 체결하면서 일본이 조선의 재정과 화폐에 관한 권한을 장악한 뒤 폐지되었다.

광복 이후

한국조폐공사

1950년 6·25 동란 초기에는 일본 대장성(大藏省) 인쇄국에 의뢰하여 은행권을 제조하였으나 정부에서는 11월부터 은행권 인쇄 시설의 재건 계획을 추진하여 12월 6일, 재무부장관이 한국은행 총재에게 은행권만을 인쇄할 인쇄 공장을 건설하는 계획을 지시하였다. 이에 따라 임시 수도 부산에 재무부 직할 인쇄 공장을 설치하기로 하여 서울에 있는 사용 가능한 인쇄 시설을 부산으로 이전하였다. 그리하여 부산시 동래구 명륜동에 은행권 제조의 인쇄 공장을 마련하였고 1951년 3월 1일부터 가동하기 시작하였다.

그러나 이 공장은 임시 가설 공장에 불과하여 장기적인 관점에서 법적 근거를 갖춘 현대적인 조폐 기관을 설립하는 것이 필요하다는 의견이 제기되었다. 그 결과 1951년 8월 13일 국회에 「한국조폐공사 법안」이 상정, 통과되었다.

9월 2일 공포되어 이듬해 5월 5일, '한국조폐공사설립위원회'가 발족되었다. 그뒤 9월 18일 '한국조폐공사 정관'이 인가되고 9월 25일 「대통령령」 제536호로 「한국조폐공사의 등기에 관한 사항」을 공포하여 1951년 10월 1일에는 재무부 직할 인쇄 공장의 모든 재산과 직원 275명을 인수하여 10월 3일 한국조폐공사의 창립식을 가졌다.

장소의 협소와 시설의 노후로 새로운 인쇄 공장의 확장이나 신축에 관한 계획이 논의되었지만 자금 부족으로 많은 어려움이 있었다. 그러나 몇몇 은행에서 건설 자금을 차입하여 새 공장의 신축 공사가 준공되었고 1953년, 부산 동래의 금정산록에 한국조폐공사가 자리잡게 되었다.

휴전 뒤 정부를 비롯한 관련 기관들이 서울로 환도하기 시작할 때 부산에서 창립된 한국조폐공사는 사옥이 없어 서울 이전에 어려움이 있었으나 1953년 8월 29일에 드디어 본사를 서울로 이전하였다. 그러나 건물이 너무나 협소하여 1956년 2월 1일, 다시 서울특별시 북창동 소재 근화여자대학(현 상공회의소 자리) 건물로 본사를 이전함으로써 본격적인 업무를 시작하며 공사로서의 면모를 갖추었다.

한국조폐공사의 창립은 근대적 화폐 제도를 확립하고자 설립되었던 전환국이 대한제국 말 일본에 의해 강제로 폐지된 지 반세기 만에 이루어진 것으로 우리 역사상 뜻깊은 일이었다. 한국조폐공사는 자본금 전액을 정부에서 출자하는 특수 법인으로 창립되었고 은행권을 비롯한 특수 인쇄물과 일반 주화, 각종 기념 주화 등 넓은 의미의 화폐까지도 제조하는 기능을 부여받았다.

재무부 직할 인쇄 공장을 인수한 한국조폐공사는 1951년 10월 1일 출범한 바로 그날부터 전시 체제하에서 급격히 증가하는 은행권 수요에 대응하기 위한 특별 조치로 한국은행권 1,000원권을 임차 임시 가설 공장에서 제조, 공급하였으며 1953년 7월 새로운 인쇄 공장을 준공할 때까지 조업하였다.

　1951년 11월 1일에는 본·지사의 직제를 갖추고, 11월 3일에는 한국
조폐공사의 영문 명칭을 'Government Printing and Mint Agency'로 개
칭하였으며 1984년 5월 18일, 'The Korea Mint Corporation'으로 다시
바꿔 불렀다. 그러나 한국조폐공사의 업무 수행에 대한 내용을 모두 표
현하기에는 부족한 점이 있어 1984년 11월 1일 'KOREA SECURITY
PRINTING AND MINTING CORPORATION'이라고 개칭하여 현재
에 이르고 있다.

화폐에 관한 생각의 흐름

전통 사회에서는 해마다 설날부터 정월 초순에는 친족이나 웃어른들을 찾아뵙고 새해 인사를 하는 '세배'라는 아름다운 풍속이 있었다. 이것은 산업화 사회, 정보화 사회인 오늘날까지도 면면히 이어져 그 속에 담긴 얼이 전승되고 있다. 세배하는 자리에서는 새해를 맞이하여 경건하면서도 즐거운 분위기에서 덕담을 주고받는 것이 일반적이다. 이때 웃어른들은 설 전에 깨끗한 돈을 준비해 두었다가 세배를 받고 난 뒤에 덕담과 함께 세뱃돈을 주기도 한다. 이럴 때 쓰이는 돈은 경건하면서도 복을 바라는 정성이 깃들여 있으므로 '복돈'이라 불리기도 한다.

또한 전통 농경 사회에서는 농사짓는 데 필요한 물을 안정적으로 확보하기 위해 벽골제, 수산제, 의림지 등의 커다란 저수지를 만들거나 마을 단위로 작은 저수지나 공동 우물, 길 등을 만드는 생산적인 일에 공공의 노동력과 돈을 쓰곤 하였다.

반면 일부에서는 관혼상제의 의례에 분수에 넘치는 돈을 낭비하기도 하는 등 돈을 잘못 쓰는 경우도 있었다. 농경 중심의 사회에서 돈을 쓰는 것은 대부분 개인 한 사람의 즐거움을 얻기 위한 경우보다는 가족이나 문중 또는 마을 전체의 즐거움을 높이기 위해 쓰는 경우가 많았다.

곧 전통 시대에는 돈을 쓰는 데 공동체의식이 자연스럽게 배어 있었다. 물론 사유 재산이 어느 정도 편중되어 심각한 사회 문제를 일으키기도 하였지만 돈을 쓸 때에는 야박하게 따지기보다는 잔치 형태를 통해 더불어 나누고 소비하는 아름다운 전통을 지니고 있었다. 특히 명절이나 큰 행사가 있을 때는 마을 단위로 즐기는 것이 일반적인 관행이었고 이때 소용되는 돈을 마련하는 데는 능력에 따라 분담시키는 사례가 많았다고 한다. 곧 재산의 소유가 편중되어 있더라도 돈을 쓰는 데는 어느 정도 공평성을 꾀하려고 노력하였던 것을 알 수 있다.

극히 개인 중심의 소비 문화가 일반화되어 돈을 버는 것과 쓰는 것이 분리된 삭막한 오늘날과는 달리 전통 시대에는 돈을 쓰는 데에서도 훈훈한 인정을 베풀 수 있었다. 이러한 아름다움으로 인해 오늘날보다 절대적으로 돈이 적었지만 돈으로 인해 느끼는 상대적인 외로움이나 소외를 느끼는 사람의 비중이 훨씬 적었음을 짐작할 수 있다.

이렇듯 우리 선인들의 화폐에 관한 가치관은 서양의 청교도 못지않게 건전하고 깨끗한 것으로 보인다. 특히 선비 정신으로 내표되는 청렴사상(淸廉思想)이나 절약을 미덕으로 여기는 청빈사상(淸貧思想)에는 깨끗한 돈만을 인정하는 숭고한 얼이 배어 있었고, 조선 후기 실학자들이 주장하는 경세치용(經世致用)이나 이용후생(利用厚生)을 통해 부를 증진시키는 데도 게으름에 따른 가난함을 배제하고 깨끗하고 떳떳한 화폐벌이만을 한정하여 권장하는 청부사상(淸富思想)이 깔려 있었다.

예를 들면 정약용은 여전제(閭田制)를 주장하며 산천의 산세를 기준으로 하되 대체로 1여(閭)를 30가구 정도로 하여 각 공동체 구성원이 투입한 노동량에 비례하여 생산물을 분배하도록 하는 공정한 화폐의 배분 방안을 제시하였다. 관개 시설을 개선하여 농산물의 생산량을 늘리거나 산업에 이용될 수 있는 기술을 창안하여 생산성을 증대시켜 화폐를 더 버는 것은 바람직한 것으로 적극 권장하였다.

한편 박제가는 국내 상업의 진흥을 위해 도로와 수로 개설 등 교통 시설의 개선을 주장하고 외국과의 무역 활성화에 따른 이로운 점도 제시하여 교역의 유용성을 주장하였다. 공정한 상거래에 의한 교역을 통해 돈을 버는 것을 떳떳한 것으로 권장하였음은 물론이다.

대체로 실학자들에 따르면 공정한 경제 제도에서 노동을 통해 벌어들인 분배된 소득이나 부는 깨끗한 것으로 간주하여 여기에서 파생되어 나오는 화폐의 자유 처분권을 인정하였다. 농민을 제외한 수공업자나 상인 또는 선비의 사회적 분업도 인정하여 각자의 직분에 충실하여 공정하게 화폐를 버는 것은 떳떳한 일로 권장하였다. 특히 일부 실학자들에 따르면 선비가 농사나 장사를 통해 공정하게 돈을 버는 것은 체면을 손상시키는 것이 아니라 오히려 권장할 만한 일로 생각하였다.

한편 일반 사람들의 화폐에 관한 생각은 수복십이지상(壽福十二支像) 열쇠패에서 보듯이 화폐를 단순히 복을 얻는 수단으로 삼았고 장식용의 화폐에는 인간이 바라는 바를 새기기도 하였다.

반면에 오늘날에는 금융 실명제가 실시됨에 따라 화폐에 관한 올바른 가치관 정립의 필요성이 한층 더 제고되는 상황이 되었다. 어떠한 과정을 통해 마련된 화폐는 떳떳한 것이고 어떠한 과정을 통해 마련된 화폐는 떳떳하지 못하여 사회적으로 지탄받아야 할 것인가?

예를 들면 공직에 있는 동안 부당하게 권력을 남용하여 불법으로 부를 증가시켰다면 공동체의 악으로 지탄을 받게 된다. 반면 성실하게 노력하거나 기술 개발을 통해 부가 가치를 증진시킨 대가로 돈을 벌었을 때에는 오히려 칭송의 대상이 될 것이다. 그런데 얼마 전에 있었던 공식자의 재산 공개를 보고 대부분의 일반 서민들은 상당수의 공직자들이 보통 사람보다 많은 재산을 가지고 있는 것을 보며 직위를 남용하거나 부당한 방법을 동원하여 축재하였을 것으로 추정한다. 그러다 사실로 밝혀지면 심한 허탈감에 젖어든다.

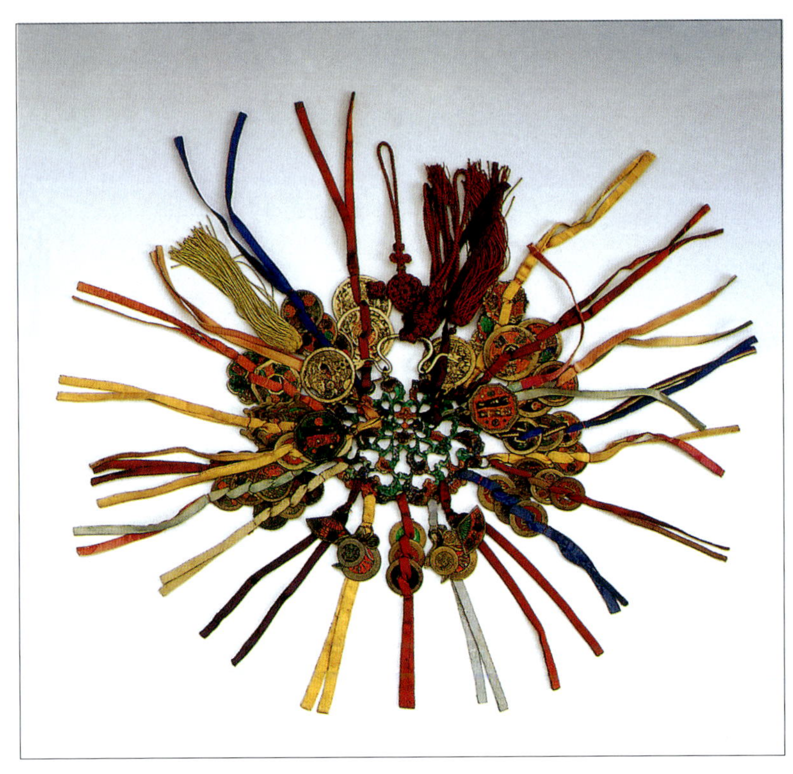

주머니형 열쇠패 별전의 일종으로 길이는 9센티미터이고 총길이는 49센티미터이다. 조선 말기인 고종시대에 만들어진 열쇠패는 당시 상류사회에서 신부의 귀중한 혼수품이 되었으며 가보처럼 소중히 여겨졌다. 국립민속박물관 소장.

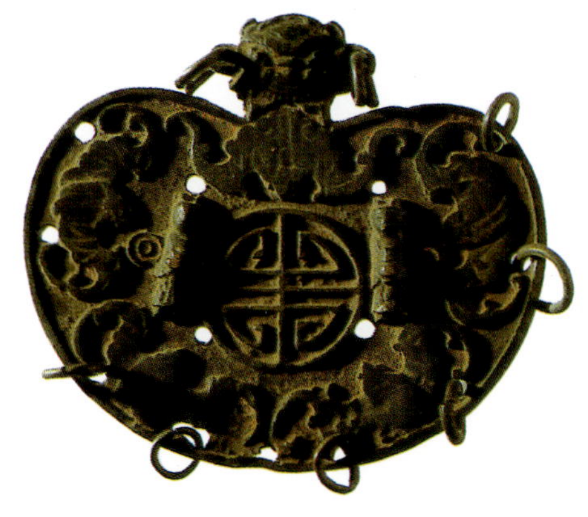

처용면 열쇠패 별전의 일종으로 높이는 8.7센티미터이고 너비는 9.6센티미터이다. 국립민속박물관 소장.

과거에는 정경 유착이나 뇌물을 매개로 돈을 모으거나 기타 부당한 방법을 통해 돈을 모은 자들이 권력과 금력을 쥐고서 사회 지도층인 양 행세함에 따라 공동체의 결속은 약해지고 자본주의 속성에 따른 황금 만능주의가 판치는 타락 현상이 곳곳에서 나타나기도 하였다.

이렇듯 일제 강점기 이후 잘못된 사회 구조에 의해 기술 혁신이나 성실한 노력에 따라 돈을 버는 것보다 정경 유착이나 뇌물 등의 비열한 방법이 쉽게 돈을 벌 수 있는 방법으로 인식되었다. 따라서 은연중 돈 많은 사람을 존경하기보다는 나쁜 사람으로 간주하고 돈 자체를 더러운 것으로 여기는 현상마저 나타나게 되었다.

돈을 쓰는 것과 버는 것은 동전의 양면처럼 서로 밀접한 관련을 가지고 있다. 돈을 잘 쓰는 것은 정직하게 버는 것 못지않게 중요하다. 어려운 이웃을 돕거나 공동체의 생산성을 늘리는 등의 좋은 일에 쓰일 수도 있고 매점매석을 통한 가격 조작에서부터 환경 오염, 밀수, 마약 유통을 꾀하는 범죄 행위에도 쓰일 수 있는 것이다.

또한 돈을 쓰는 과정이나 결과로 보아 낭비적인 경우와 생산적인 경

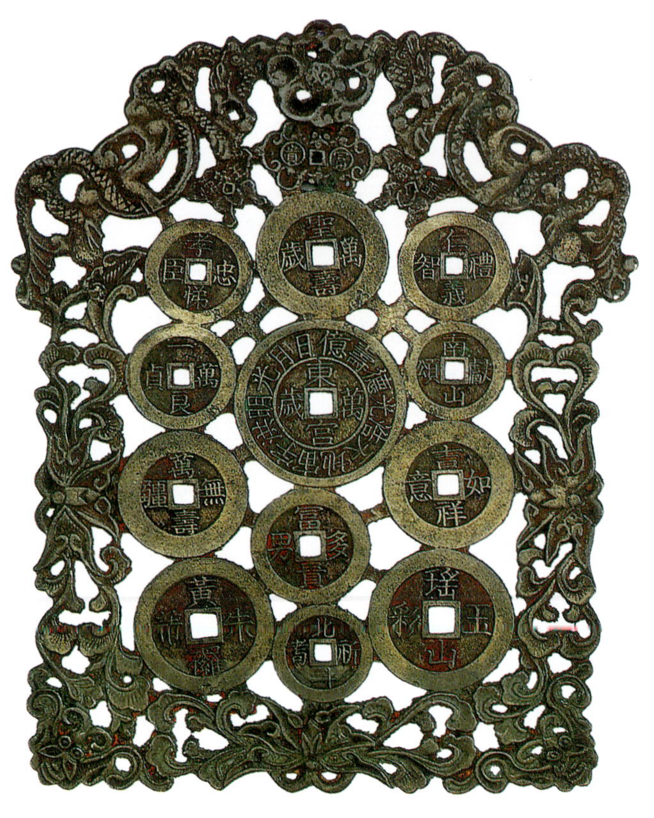

별전 높이 18센티미터, 너비 15센티미터의 별전으로 국립민속박물관에서 소장하고 있다.

우로도 나눌 수 있다. 허례허식에 얽매여 돈을 쓰는 것은 낭비요, 공동
체 구성원에 실질적인 즐거움이나 도움을 줄 수 있도록 돈을 쓰는 것은
생산적인 씀씀이이다.

　공동체의 소외 계층에게 최대의 효과가 돌아가도록 공공 재원을 배
정하고 사적 재원은 공정한 경쟁의 규칙이 적용된 가운데 능력에 따라
분배되도록 하는 경제 체제를 갖추어야 한다. 돈의 쓰임새 가운데 공동
체 전체에 도움을 주는 것을 최우선의 기준으로 하는 것도 돈을 잘 쓰
는 방법 가운데 하나가 될 수 있다. 곧 현재의 경제 성장 위주의 사고
에서 벗어나 교육, 환경, 사회 복지 등의 공공 복지를 위한 일에 아낌
없이 쓰는 것을 최선의 기준으로 한다면 바람직한 일이겠다.

참고 문헌

『북한총람』, 북한연구소, 1983.

『한국 금융 총람』, 한국금융연수원, 1982.

『한국조폐공사 ― 40년사』, 한국조폐공사, 1991.

『한국의 화폐』, 한국은행, 1994.

『한국 화폐의 변천:정성채 박사 기증 화폐전』, 국립민속박물관,
　　　　　 1993.

『한국 화폐전사』, 한국조폐공사, 1971.

『한눈으로 보는 우리의 화폐, 세계의 화폐』, 한국은행, 1996.

『화폐도감』, 한국조폐공사, 1970.

강만길, 『한국 상업의 역사』, 세종대왕사업기념회, 1975.

고승제, 『한국 금융사 연구』, 일조각, 1970.

───, 『한국 사회경제사론』, 일지사, 1988.

국제문화재단, 『한국의 선비문화』, 시사영어사, 1982.

권병탁, 『한국 경제사』, 박영사, 1985.

김문환, 『신용카드 이야기』, 한국경제신문사, 1991.

김병하, 『한국 경제사상사』, 일조각, 1983.

김삼수, 『한국 사회경제사 연구』, 박영사, 1964.

김옥배·박순호, 『한국 화폐 목목』, 연빙출핀시, 1973.

김인식, 『한국 화폐 가격 목록』, 한국예술사, 1993.

김일곤, 『유교문화권의 질서와 경제』, 한국경제신문사, 1985.

───, 『한국, 문화와 경제활력』, 한국경제신문사, 1987.

김주영, 『객주』 1∼9, 창작과 비평사, 1981∼1984.

김택규, 『한국 농경세시의 연구』, 영남대학교 출판부, 1985.

김학은, 『돈의 역사』, 학민사, 1994.

문정창, 『조선의 시장』, 일본평론사, 1941.

민병천, 『한국 시장경제사』, 동국대학교 출판부, 1992.

박무송, 『소비자 금융과 신용』, 행림출판, 1988.

박원선, 『객주』, 연세대학교 출판부, 1968.

──────, 『부보상』, 한국연구원, 1965.

박준채, 『한국 화폐제도사 연구』, 예문관, 1973.

송병락, 『마음의 경제학』, 박영사, 1987.

송찬식, 『이조의 화폐』, 한국일보사, 1975.

엄주응, 『밥과 일과 돈:경제사 이야기』, 한샘출판사, 1995.

오 성, 『조선 후기 상인 연구』, 일조각, 1989.

유자후, 『조선화폐고』, 학예사, 1940.

윤근호, 『사개송도치부법 연구』, 단국대학교 출판부, 1970.

이규태, 『개화백경 3』, 신태양사, 1973.

이석륜, 『한국의 일반 은행』, 법문사, 1988.

──────, 『한국 화폐금융사 연구』, 박영사, 1984.

이영협, 『한국 금융 전당사 연구』, 건국대학교 출판부, 1976.

이훈섭, 『한국 전통경영사 연구』, 보경문화사, 1992.

현병주, 『사개송도치부법』, 덕흥서림, 1916.

황명수 외, 『한국의 시장상업사』, 신세계백화점 출판부, 1992.

존 갈브레이드 지음·최광열 옮김, 『돈, 그 역사와 전개』, 현암사,
        1977.

「대한 천일은행 장부(1889~1904)」, 한국 상업은행 본점 소장.

「장책―광서 7년(1881), 개국 505년(1896), 대조선 건양 2년
        (1897)」, 한국연구원 소장.

「행상청절목」, 임방소속 : 아산 · 평택 · 온양 · 신창, 1870.

제일금융연구원, 「전자 화폐: 새로운 돈의 혁명」, 한국경제신문사, 1997.

김문환, 「크레디트 카드의 실태와 문제점」, 『단야 서정갑 박사 고희 기념 논문집 — 상법학의 현대적 과제』, 삼영사, 1986.

김영윤, 「북한 화폐의 기능과 외화」, 북한, 1994.

김현준, 「화폐와 도」, 『얼과 문화』 통권 15호, 1990. 3.

배영목, 「개항기 한국 화폐 제도의 개혁과 그 전개: 식민지 화폐 제도의 형성과 관련하여」, 충북대 사회과학연구, 1986. 2.

손동우, 「화폐의 기원과 진화에 관한 연구: 화폐의 기능들을 중심으로」, 서울대학교 석사논문, 1995.

오두환, 「일제하 한국의 화폐 제도」, 성곡논총, 1988. 6.

유자후, 「조선어음고」, 『조광』, 1940. 3.

이은영, 「크레디트 카드에 관한 법적 고찰」, 『법학』 제22권 1호, 서울대학교, 1982.

장동섭, 「전근대사회에 있어서 서민 협동체로서의 계에 관한 연구」, 전남대학교 논문집 15, 1969.

장원태, 「남북한 화폐 통합에 관한 연구」, 고려대학교 박사논문, 1996.

빛깔있는 책들 101-35

한국의 화폐

글	─장상진
사진	─장상진
발행인	─장세우
발행처	─주식회사 대원사
편집	─박수진, 김분하, 김수영, 연인숙, 최은희, 김남연, 권효정
미술	─최효섭, 김명준, 김지연
총무	─이훈, 이규헌, 정광진
영업	─김기태, 강성철, 문제훈, 안태경, 박경이
이사	─이명훈

첫판 1쇄 ─1997년 11월 25일 발행
첫판 3쇄 ─2003년 1월 30일 발행

주식회사 대원사
우편번호/140-901
서울 용산구 후암동 358-17
전화번호/(02) 757-6717~9
팩시밀리/(02) 775-8043
등록번호/제 3-191호
http://www.daewonsa.co.kr

이 책에 실린 글과 그림은, 저자와 주
식회사 대원사의 동의가 없이는 아무
도 이용하실 수 없습니다.

잘못된 책은 책방에서 바꿔 드립니다.

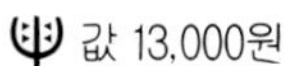 값 13,000원

Daewonsa Publishing Co., Ltd.
Printed in Korea(1997)

ISBN 89-369-0209-1 00900

빛깔있는 책들

민속(분류번호 : 101)

1 짚문화	2 유기	3 소반	4 민속놀이(개정판)	5 전통 매듭
6 전통 자수	7 복식	8 팔도 굿	9 제주 성읍 마을	10 조상 제례
11 한국의 배	12 한국의 춤	13 전통 부채	14 우리 옛악기	15 솟대
16 전통 상례	17 농기구	18 옛다리	19 장승과 벅수	106 옹기
111 풀문화	112 한국의 무속	120 탈춤	121 동신당	129 안동 하회 마을
140 풍수지리	149 탈	158 서낭당	159 전통 목가구	165 전통 문양
169 옛안경과 안경집	187 종이 공예 문화	195 한국의 부엌	201 전통 옷감	209 한국의 화폐
210 한국의 풍어제				

고미술(분류번호 : 102)

20 한옥의 조형	21 꽃담	22 문방사우	23 고인쇄	24 수원 화성
25 한국의 정자	26 벼루	27 조선 기와	28 안압지	29 한국의 옛 조경
30 전각	31 분청사기	32 창덕궁	33 장석과 자물쇠	34 종묘와 사직
35 비원	36 옛책	37 고분	38 서양 고지도와 한국	39 단청
102 창경궁	103 한국의 누	104 조선 백자	107 한국의 궁궐	108 덕수궁
109 한국의 성곽	113 한국의 서원	116 토우	122 옛기와	125 고분 유물
136 석등	147 민화	152 북한산성	164 풍속화(하나)	167 궁중 유물(하나)
168 궁중 유물(둘)	176 전통 과학 건축	177 풍속화(둘)	198 옛 궁궐 그림	200 고려 청자
216 산신도	219 경복궁	222 서원 건축	225 한국의 암각화	226 우리 옛 도자기
227 옛 전돌	229 우리 옛 질그릇	232 소쇄원	235 한국의 향교	239 청동기 문화
243 한국의 황제	245 한국의 읍성			

불교 문화(분류번호 : 103)

40 불상	41 사원 건축	42 범종	43 석불	44 옛절터
45 경주 남산(하나)	46 경주 남산(둘)	47 석탑	48 사리구	49 요사채
50 불화	51 괘불	52 신장상	53 보살상	54 사경
55 불교 목공예	56 부도	57 불화 그리기	58 고승 진영	59 미륵불
101 마애불	110 통도사	117 영산재	119 지옥도	123 산사의 하루
124 반가사유상	127 불국사	132 금동불	135 만다라	145 해인사
150 송광사	154 범어사	155 대흥사	156 법주사	157 운주사
171 부석사	178 철불	180 불교 의식구	220 전탑	221 마곡사
230 갑사와 동학사	236 선암사	237 금산사	240 수덕사	241 화엄사
244 다비와 사리				

음식 일반(분류번호 : 201)

60 전통 음식	61 팔도 음식	62 떡과 과자	63 겨울 음식	64 봄가을 음식
65 여름 음식	66 명절 음식	166 궁중음식과 서울음식		207 통과 의례 음식
214 제주도 음식	215 김치			

건강 식품(분류번호 : 202)

105 민간 요법	181 전통 건강 음료

즐거운 생활(분류번호 : 203)

67 다도	68 서예	69 도예	70 동양란 가꾸기	71 분재
72 수석	73 칵테일	74 인테리어 디자인	75 낚시	76 봄가을 한복
77 겨울 한복	78 여름 한복	79 집 꾸미기	80 방과 부엌 꾸미기	81 거실 꾸미기
82 색지 공예	83 신비의 우주	84 실내 원예	85 오디오	114 관상학
115 수상학	134 애견 기르기	138 한국 춘란 가꾸기	139 사진 입문	172 현대 무용 감상법
179 오페라 감상법	192 연극 감상법	193 발레 감상법	205 쪽물들이기	211 뮤지컬 감상법
213 풍경 사진 입문	223 서양 고전음악 감상법			

건강 생활(분류번호 : 204)

86 요가	87 볼링	88 골프	89 생활 체조	90 5분 체조
91 기공	92 태극권	133 단전 호흡	162 택견	199 태권도

한국의 자연(분류번호 : 301)

93 집에서 기르는 야생화		94 약이 되는 야생초	95 약용 식물	96 한국의 동굴
97 한국의 텃새	98 한국의 철새	99 한강	100 한국의 곤충	118 고산 식물
126 한국의 호수	128 민물고기	137 야생 동물	141 북한산	142 지리산
143 한라산	144 설악산	151 한국의 토종개	153 강화도	173 속리산
174 울릉도	175 소나무	182 독도	183 오대산	184 한국의 자생란
186 계룡산	188 쉽게 구할 수 있는 염료 식물		189 한국의 외래 · 귀화 식물	
190 백두산	197 화석	202 월출산	203 해양 생물	206 한국의 버섯
208 한국의 약수	212 주왕산	217 홍도와 흑산도	218 한국의 갯벌	224 한국의 나비
233 동강	234 대나무	238 한국의 샘물	246 백두고원	

미술 일반(분류번호 : 401)

130 한국화 감상법	131 서양화 감상법	146 문자도	148 추상화 감상법	160 중국화 감상법
161 행위 예술 감상법	163 민화 그리기	170 설치 미술 감상법	185 판화 감상법	
191 근대 수묵 채색화 감상법		194 옛 그림 감상법	196 근대 유화 감상법	204 무대 미술 감상법
228 서예 감상법	231 일본화 감상법	242 사군자 감상법		